素養導向之生生用

平板與HiTeach5智慧教學系統

方法、應用與案例

張奕華、吳權威 著

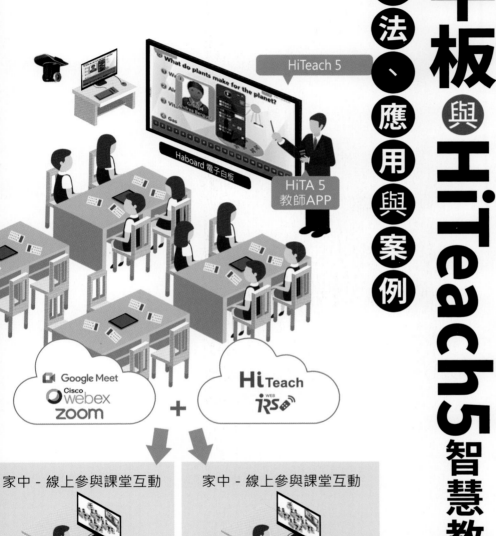

HiTeach 5

Haboard 電子白板

HiTA 5
教師APP

Google Meet
Cisco webex
zoom

＋

Hi Teach
WEB IRS

家中 - 線上參與課堂互動

家中 - 線上參與課堂互動

Web IRS 5 即時反饋系統

Web IRS 5 即時反饋系統

五南圖書出版公司 印行

作者序

　　第一個《生生用筆電計劃》（One-to-One Laptop Program）於1990年2月12日在澳洲墨爾本的一所私立女子學校——衛理公會女子學院（Methodist Ladies' College）正式啓動（Johnstone, 2003; Watters, 2015）。從1990年實施生生用筆電計劃至今已近33年，世界各地也相繼出現類似的計劃。正如Kitchenham（2008）所指出，在這短暫的時間內，北美、歐洲、澳洲以及南美地區的《生生用電腦計劃》（1:1 computing programs）蓬勃發展。大部分專業文獻都得出了實施「生生用電腦計劃」對學生帶來的明顯好處的結論，使用「生生用電腦計劃」可以提升學生的學習成就、增加他們對學習的動機，並減少學生紀律問題，同時有助於增加學生和教師使用電腦設備的機會。

　　在這個數位時代，智慧教育、智慧評量和AI輔助科技已成為教育領域中不可或缺的重要元素。本書旨在引領您進入這些領域的精彩世界，分享知識和經驗，並探討它們如何改變教育的面貌。本書分為三篇，每篇深入探討不同的主題，並透過各章節的內容來闡述這些主題的重要性和應用。

　　第一篇聚焦於智慧教育的實踐，特別是如何運用生生用平板來支持教學。第一章引導您深入了解智慧教育的理念和實踐，並激發您對教育改革的思考。第二章則闡述素養導向的智慧教與學，強調培養學生的全面素養，並介紹如何運用智慧科技實現這一目標。第三章提供了一系列生生用平板的教學方法應用案例，讓您能夠從中汲取靈感，創造更具吸引力和互動性的教學環境。

　　第二篇專注於智慧評量和診斷分析，這是教育領域中一個不可或缺的重要環節。我們深入探討了評量數據和學習表現分析的重要性，並介紹了智慧化評量與測驗模式的概念。第四章詳細解說如何有效地分析評量數據和學習表現，以便更好地了解學生的學習狀況和需求。第五章則介紹了智

慧化評量與測驗模式的設計和應用，這些模式旨在提供更具彈性和個性化的評量方式。第六章透過具體的案例，展示了智慧化診斷與補救的應用，讓您更深入地理解這一領域的實際效果。

　　第三篇探索了AI輔助科技增能與數位觀議課，充滿了科技的魅力和創新。第七章深入探討了AI輔助TPCK科技增能的概念，TPCK代表科技、教學方法和教學科知識的整合，而AI則能夠在此基礎上提供更多支援和增強。我們引導您了解AI輔助科技的應用場景，以及如何運用這些工具來提升教學效果。第八章關注數位觀議課教室和AI蘇格拉底影片，探討如何運用數位科技和AI來促進討論和思辨能力的培養。最後，第九章透過具體的應用案例，展示了AI輔助數位觀議課的實際效果和成果，希望能啟發您對教學創新的想像力。

　　在本書中，我們不僅提供了理論知識，更注重將知識與實踐相結合。我們相信，教育領域的發展需要不斷地學習和創新，才能跟上科技的脈動，為學生帶來更好的教育體驗。正如Albert Einstein所說：「教育不僅僅是學習事實，而是培養思考的能力」(Education is not the learning of facts, but the training of the mind to think）。我們希望這本書能夠激發您的思考，開拓您的視野，並成為您在教育科技領域的指南和啟示。同時，也如Steve Jobs所言：「創新區分了領導者和跟隨者」(Innovation distinguishes between a leader and a follower)。我們相信，透過不斷追求創新和突破，我們能夠成為教育領域的領導者，引領學生走向更美好的未來。

　　這本書所包含的知識和經驗，只是教育科技領域中的一小部分，但它們代表了我們在這個領域中的努力和探索。正如Nelson Mandela所言：「教育是你可以用來改變世界的最強大武器」(Education is the most powerful weapon which you can use to change the world）。我們相信，透過智慧教育、智慧評量和AI輔助科技的應用，我們可以為學生的未來帶來真正的改變和發展。

　　最後，讓我們再次感謝您的選擇，並希望這本書能夠成為您教育科技

旅程中的重要指南。讓我們一同致力於教育的創新和進步，為學生的成長和成功做出貢獻。願您在閱讀這本書的過程中獲得豐富的收穫，並開始探索教育科技帶來的無限可能性。同時，我們特別要感謝五南出版社黃副總編輯惠娟、陳責任編輯巧慈的鼎力相助。

張奕華、吳權威 謹識

2023年5月20日

CONTENTS
目　錄

第一篇

智慧教育實踐生生用平板政策

第一章
智慧教育之理念與實踐

　　自 111 年（2022 年）起，教育部《推動中小學數位學習精進方案》針對全國中小學 1 年級至 12 年級全面推動數位學習精進計畫，規劃「數位內容充實」、「行動載具與網路提升」及「教育大數據分析」計畫，達成「教材更生動」、「書包更輕便」、「教學更多元」、「學習更有效」和「城鄉更均衡」目標，進而達到「班班有網路、生生用平板」政策目標（教育部，2022a）。盱衡國際以美國各州為例，在 2016 年起就陸續進入「班班有網路、生生用筆記型電腦」的時代。生生用電腦（1-to-1 student computing）最早在 1990 年代末期，由各學區陸續引進美國中小學教室。2002 年，緬因州成為美國第一個以由州政府層級、全州推動生生用電腦的州。在那之後，隨著筆記型電腦普及，生生用筆電（1-to-1 laptopp initiatives）陸續成為美國各州教育當局大力推動的政策，至 2013 年間推動力度到達高峰，據美國教育部統計，2013-2014 學年度，全美各公立學校總共採買了 2300 萬台筆記型電腦。2016 年起，「生生用筆電」首度覆蓋全美過半公立學校，到如今已經幾乎完全普及（曾多聞，2022；曾多聞，個人通訊，2022 年 11 月 5 日）；美國教育週刊（Education Week）也指出，K-12 學校為每位學生提供筆記型電腦（laptop computer）的努力提高了學生的成績，並適度提高了他們的「21 世紀技能」（21st-century skills）（Herold, 2016）。

　　除此之外，「生生用筆電」計畫的後設分析研究發現，筆記型電腦對學生學業成績（英語、寫作、數學和科學）均有顯著且正向的影響（Zheng, Warschauer, Lin, & Chang, 2016），而學校領導者在引領校內「生生用筆電」

措施時，扮演著重要的合作角色（Milman, 2020）。然而，2022 年 9 月新學期一開始，美國就收到一份令各界備感焦心的「全國成績單」。國家教育進展評測（NAEP）針對九歲學童的測驗結果顯示，自疫情爆發以來，孩子的閱讀和數學成績大幅下滑，退步程度是 30 年來最大（羅儀修，2022）。值此後疫情時代，我國教育部所推動的《中小學數位學習精進方案》，是否也能夠同時縮減城鄉數位教育落差，值得所有教育工作者期待。

　　「生生用平板政策」（One Laptop Per Child）是實踐「生生用平板」實踐一對一（one to one）教學理念的基礎，其成功關鍵是在於一人一機的學習方法與策略，此可追朔到美國教育大師布魯姆教授「1：1」教學實驗研究，「1：1」是一對一家教式教學簡碼，布魯姆結果顯示，「1：1」教學效果可達兩個標準差（2 sigma），如圖 A（如圖 1-1）。兩個標準差，差異是多少呢？這項研究發現，採用一對一家教式實驗組學生的平均成績，優於 98% 之控制組學生。換言之，實驗組學生有半數學生的成績表現，可達到控制組學生的第一名位置。如圖 B 示意（如圖 1-1），實驗組 50 位學生，其中有 25 位成績表現可達控制組之第一名位置。每兩位學生就可以培養出一位第一名的學生，足見一對一家教式教學效果顯著。只可惜一對一家教式教育投資成本實在太高，不是一般平民老百姓負擔的起。古代帝王子女的教育就是採用一對一，甚至是多對一的家教式教學，也因此更容易培養出可以接班的下一代帝王。而運用 AI 人工智能和大數據的新一代教學軟體，可以充分利用生生用平板學習環境，實施素養導向、合作學習、多元評量、數據決策及因材施教等現代教學法與先進理念，讓學生學習更精進，也協助教師教學更省力。生生用平板政策若能實踐一對一教育理念，就是把帝王級教育平民化的偉大政策（如圖 1-2）（吳權威，2021a）。

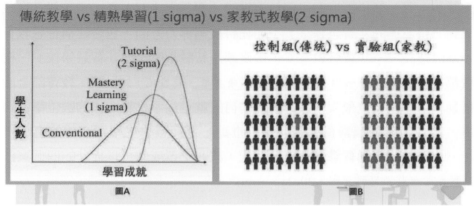

圖1-1　布魯姆1：1教學實驗研究

圖1-2　帝王級教育平民化

第一節　智慧教育的效益

　　智慧教育的推動有其程序與步驟推進，從智慧教室的建置、到智慧校園的實踐與智慧學區的延伸，從智慧課堂的實作、到智慧教師的培訓以及智慧模式的擴散與複製，都需要許多人的共同努力與規劃。智慧教育的最高境界是「以學生為中心實踐一對一教學理想」（如圖 1-3）（張奕華、吳

權威、曾秀珠、張奕財、陳家祥，2020），其發展路徑包含教學科技力與科技領導力兩個層面。在教學科技力方面，包含採用現代教育理念的「智慧教師」，每一學科都是採用創新流程的「智慧模式」，每一堂課都是實踐三動三精三適的「智慧課堂」；而在科技領導力方面，包含建構智慧教育的基礎建設——「智慧教室」、班班都是智慧教室——「智慧學校」、校校都是智慧學校——「智慧學區」（張奕華、吳權威，2014）。教育部全面推動《中小學數位學習精進方案》的目的就是爲了以新一代的數位學習環境，結合 108 課綱素養導向教學的推動，進而讓學生學習成效能有所提升。以下說明透過智慧教育支持系統，證明學習成效可以提升的四個案例（醍摩豆智慧教育研究院，2022a）：

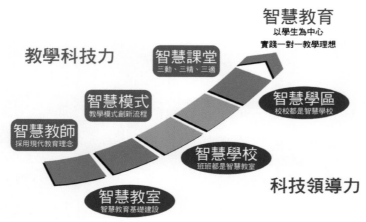

圖1-3　智慧教育新路徑

壹、《國家教育研究院十二年國民基本教育國語文教學模式的研究計劃》成果

　　承上所述，智慧教育以實踐「一對一」的教學理想爲最高境界，惟其始自於智慧教室的建置，輔以智慧教師、智慧模式以及智慧課堂的呈現，才能達到創新教學又適性揚才的目的。由此對應到國內現況並檢視其

成效，以《國家教育研究院十二年國民基本教育國語文教學模式的研究計劃》成果爲例，實驗組的語文能力表現均優於控制組，且實驗 B 組（運用 TEAM Model 智慧教室）又高於實驗 A 組，無論是標準化測驗還是聽寫測驗的成績差異均達到顯著，從統計結果中還發現低分組的進步幅度最大。總而言之，新的語文教學模式能顯著提升學生的語文能力，而且對學業能力較弱的學生最有幫助；此外，新的語文教學模式若有智慧教室的系統支持，會達到更好的成果（網奕資訊，2016）。

貳、桃園市大有國中教育會考減 C 大作戰

在 2003 年成立的桃園市大有國中，學校的願景是健康、活力、科技進步，全校都有 Wi-Fi 覆蓋，有 53 間 PBL 教室；除此之外，學校還有 AR 和 VR 科技，曾經和韓國三星、世新大學合作，開發 VR 教學類課程。大有國中自 2016 年開始逐步導入智慧教室支持系統，至 2017 年短短不到一年的時間，學校已經成爲桃園市智慧學校的典範。超過八成的教師都改變了上課的方式，超過 90% 的課堂，已經能常態化運用智慧教學系統。更重要的是，大有國中利用「智慧教室能有效縮減學生學習成效之差異，自學校建置智慧教室後開始分析段考成績，依第一年初步的實施成果，利用智慧教室上課的班級學生段考成績標準差，明顯小於未使用智慧教室的班級。」2013 年是國內舉行的第一次教育會考，大有國中在英語跟數學上面跟全國差不了多少，都將近有三分之一的孩子是 C，但經過幾年的努力之後，2018 年（在大有國中使用智慧教室 1.5 學年之後）大有國中教育會考成績 C 大幅度地降低，降了非常多。有一個很清楚的數據顯示除了 C 降低之外，A 也提升了。與桃園區和全臺灣進行比較，大有國中的 C 比全國少非常多，都是透過智慧教室整個理念的灌輸才能夠達到的效果。大有國中在 105 到 107 年 A 的比例的狀況，也是一樣不斷地大幅度在提升。

參、桃園市立光明國中導入生生用終端的智慧教室

桃園市立光明國中創立於 1999 年，從 2015 年何信璋校長上任之後，持續推動智慧教室，利用醍摩豆智慧教室讓 5C 學生比率逐年下降，5A 學生持續上升，快速躋身桃園市的智慧學校示範點之一，是桃園市唯一『班班有冷氣，班班有飲水機，班班是智慧教室』的學校。智慧教室的推動工程浩大，光明國中能在 1 年半內成功全校導入智慧教室，有賴校長的決心、有效的策略，以及教師在教學前線的實踐（網奕資訊，2019）。換言之，桃園市立光明國中成功的關鍵在於全校導入生生用終端的智慧教室，成功提升學生的會考成績，在公立高中職錄取率逐年提升，5C 學生比率逐年下降，5A 學生持續上升（網奕資訊，2019）。

肆、菲律賓八打雁省Bayorbor National High School 教學研究案例

放眼國際，新冠肺炎對全球造成巨大衝擊，尤其教育層面深受影響，疫情迫使所有學校在授課時要立即切換不同的學習方式，如線上遠距學習（online distance learning）、紙本單元式遠距學習（modular distance learning）。菲律賓八打雁省 Bayorbor 中學的教師們，透過「AI 智慧 HiTeach 5 教學系統（TEAM Model AI Smarter HiTeach 5 Teaching System）」，打破了傳統線上教學的模式，讓線上教學也能夠達到高效能的互動，以及數據化的呈現教學歷程。

Bayorbor National High School 成立於 1970 年，最初是 Mataasnakahoy 的一所小型中學。建校 50 年來致力於為學區內的中等教育學生提供高品質的教育，大大提高當地學生的學習能力以及生活水準，在學術以及非學術領域都有極大貢獻，是該學區最大的公立中學。2020 年起，COVID-19 席捲全球，菲律賓全國學生面臨停課困境，遠距視訊線上教學已漸漸成為趨勢，關心學習品質的校長 Gregorio T. Mueco 也看到了這點，立即於

同年 6 月正式建置醍摩豆 AI 智慧教研中心，並緊鑼密鼓的在 7-8 月間完成種子教師的培訓，可見學校在轉型 AI 智慧學校的決心。在菲律賓八打雁省的兩所學校除了發展科技創新教學外，在教師專業發展上，更是透過 AI 智慧教研中心，結合專家顧問與 AI 智慧教練，快速輔導了兩校超過 10 位的種子教師，產出豐富的經典課例，已成為相當成熟的 AI 智慧學校，不僅建立了完整的智慧教學課程體系，也為菲國智慧教育奠定良好基礎與推動的力量。為了有效提高教與學的質量和效率，研究人員（即教師）進行了一項關於使用 AI 智慧 HiTeach 5 教學系統來進行教學的研究。該研究將學生分為實驗組 20 名學生（E）和控制組 23 名學生（C），於實施 AI 智慧 HiTeach 5 教學系統來進行教學之前，先使用三十項高階思維技能（HOTS）之選擇題模式進行前測，確定學生的先驗知識，前測測量了一般的知識（重要性與交互作用性）。E 組的教師們使用 AI 智慧 HiTeach 5 教學系統約六週，而 C 組則以「紙本單元（modular print）」之遠距學習的方式進行了同樣的操作。為了評估 E 組和 C 組學生獲得的知識，進行了後測。量測出了學生在教學後的學習質量（重要性與交互作用性）。該研究使用四點評分量表（4-Point Rating Scale）來解釋學生對 AI 智慧 HiTeach 5 教學系統實施後的成效。總體而言，實施 AI 智慧 HiTeach 5 教學系統的實驗組學生之學業成績與使用模組化輸出（即紙本單元）學習模式的對照組學生之學業成績有顯著的不同。學生對 AI 智慧 HiTeach 5 教學系統在提高學生學業成績方面的評價，平均分 3.70，意即非常認同（Strongly Agree）。實驗組和對照組的平均百分比得分，前測分別為43.650% 和 40.793%，而後測分別為 90.952% 和 78.888%（見表 1-1）。這指出與使用紙本單元模式（the Modular-Print modality）的對照組學生相比，實施 AI 智慧 HiTeach 5 教學系統的實驗組學生的學習成績更高。

表1-1　自然科學學生學業成績表現

	Pre-Test		Post-Test	
	Experimental	Control	Experimental	Control
Mean	13.095	12.434	27.285	23.521
SD	2.589	2.272	1.454	1.805
MPS	43.650	40.793	90.952	78.888

第二節　智慧教育的理念

　　為了因應國際數位學習趨勢，教育部「推動中小學數位學習精進方案」以「偏鄉學校數位優先」，並同時補助非偏遠地區學校，建置完善數位教室，提供優質適性學習環境，培養學生自主學習能力，縮減城鄉數位教育落差，讓孩子的學習振翅飛翔（教育部，2022b），此舉措亦呼應108課綱之「成就每一個孩子──適性揚才」願景，實踐以學生為學習的主體，兼顧學生的個別需求、關懷弱勢群體，透過適性教育，成為具有社會適應力與應變力的終身學習者（教育部國民及學前教育署，2022）。前揭也對應到聯合國教科文組織（The UNESCO Institute for Information Technologies in Education）所提及之「智慧教育透過最先進的教育科技和方法為學校提供新的機會和優勢，它促使研究人員和教育工作者開發用於監測和衡量這一複雜變遷過程的方法，智慧教育是增能現代學校取得更好教育成果的工具（Smart education is a tool empowering modern schools to achieve better educational results）」（UNESCO IITE, 2022a）。基此，智慧教育理念不僅是國際趨勢，世界各國（例如：中國大陸、埃及、印度、模里西斯、俄羅斯、新加坡、南非、南韓、英國、美國等）莫不積極推動「教育中的資訊通訊科技」（ICT in education）政策與智慧教育政策（smart education policy）（UNESCO IITE, 2022b）。以下針對智慧教育定義、智慧教育內涵與智慧教育政策加以說明。

壹、智慧教育定義

　　「智慧教育」係指應用 ICT 促進教育的革新與發展為宗旨，以發展智慧學校為基礎，以發展智慧學區為願景，應用 ICT 的輔助，發展充滿智慧的教育環境，應用現代化的教育理念，發展以學生為中心的教育理想，實現適性揚才、公平均質的境界（張奕華、吳權威，2014）。進一步言之，智慧教育是「適應新一代數位原生的學習模式」（a model of learning adapted to new generations of digital natives），與傳統的課堂教學模式相比，智慧教育是一種互動、合作和視覺化的模式，旨在提高學生的參與度，使教師能夠適應學生的技能、興趣和學習偏好（Glasco, 2019）。除了學生學習之外，在探討智慧教育的元素內涵時，教師教學部分更是不可或缺的元素。職是之故，特別是在後疫情時代，聯合國教育科文組織在其所舉行之《重新思考國家智慧教育策略》（Rethinking National Smart Education Strategy）論壇中指出：「智慧教育定義為是以增加學習經驗、不斷調整學習內容和提高教學效能為特徵的教育行為系統」（Smart education as a system of educational behaviors characterized by heightened learning experiences, continuous learning content adaptation and teaching efficiency）。更重要的是，智慧教育與現代科學及科技相結合，為學生、教師和家長提供多樣化的支持和隨選服務（on-demand services），在記錄參與者的數據、學習和教學過程的同時，這些數據也被用來促進教育的品質和公平性。（quality and equity of education）（引自 UNESCO IITE, 2022b）。

　　智慧教育的定義衍生自 2008 年擔任 IBM 公司執行長的 Sam Palmisano 提出《智慧地球：下一代領導議程》，由「智慧地球」思想不斷衍生出新概念，如智慧城市、智慧交通、智慧教育等，會隨著時代的不同，而有不同的解釋。舉例而言，在農業、工業時代的智慧教育，實質為求智教育；智慧教育可區分為狹義和廣義之定義，就狹義的智慧教育而言，係指智能、智力教育，尤其是指人的思維能力；而廣義的智慧教育係

指立基於對人性的完整認識和人的社會現實性與實踐性，包括了理性智慧（求知求真）和價值智慧（求善求美）（靖國平，2003）。以當代的觀點而言，未來的智慧教育需建構在科技融入（technology immersion）、個別化學習路徑（personal learning paths）、知識技巧（knowledge skills）、全球整合（global integration）及經濟統合（economic alignment）的基礎上（如圖1-4）（IBM, 2010）。

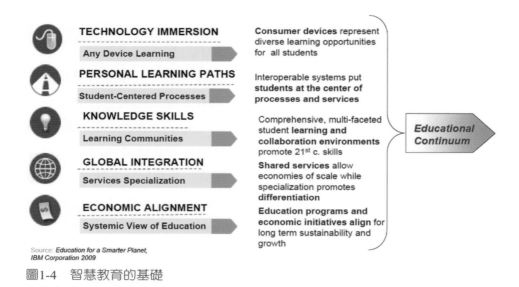

圖1-4　智慧教育的基礎
資料來源：IBM (2010).

　　隨著資訊化科技應用在教育領域中，智慧教育係指透過新一代資訊科技，促進優質教育資訊共享，提高教育質量和教育水平。簡而言之，智慧教育就是教育領域的智能化（金江軍，2012）。亦即智慧教育為主張藉助資訊科技力量，創建具有一定智慧特性（如感知、推理、輔助決策）的學習時空環境，旨在促進學習者的智慧全面、協調和可以持續發展，通過對學習和生活環境的適應、塑造和選擇，以最終實現對人類的共善（對個人、他人、社會的助益）（祝智庭、沈德梅，2013）。

　　具體言之，**SMARTER**（如圖 1-5）教育係以學生為中心（**S**tudent-centered approach）的教學與學習方式、能透過多元取向激勵學生學習（**M**otivate students to learn）、無所不在地讓學生使用任何載具（**A**ny-device）接近學習入口、提供可用多樣資源（**R**esource availability and diversity）、使用科技支持與服務（**T**echnology support and service）教學和學習、透過診斷工具和雲端服務供即時學習評量（Ass**E**ssment of learning）結果，以及教師以科技創新教學和精進教學（**R**efinement of teaching）（張奕華，2013b）。**SMARTER** 教育的目的就是以科技化的方式，給予學習者豐富的學習資源和拓展視野，改善目前教學資源有限的困境。在 **SMARTER** 教育的趨勢發展之下，將突破傳統學校教學系統的限制，教師與學生不再只能利用紙本教科書和有限的資源在教室進行教學，也能更進一步運用電子書以及網路的智慧型教學，成功打造「行動學習」的理念（張奕華，2013a）。

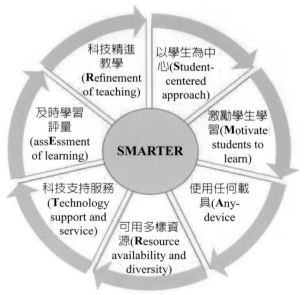

圖1-5　SMARTER元素

貳、智慧教育內涵

　　有關智慧教育內涵之探討，有學者將其內涵分為智慧計算、智慧教學和智慧人才三個向度（如圖1-6），智慧教育環境從不同範圍的角度劃分成：智慧終端、智慧教室、智慧校園、智慧教育雲端等；智慧教學根據學習情境和方式之不同，再分為個性學習、群智學習、泛在／普適學習、入境學習（情境化投入性學習）（祝智庭、賀斌，2012）。

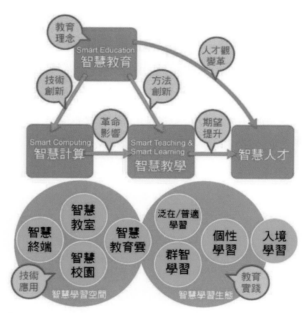

圖1-6　智慧教育理解圖示
資料來源：祝智庭與賀斌（2012）。

　　金江軍（2012）則指出智慧教育具有三項特徵如下：一、集成化：教師在課堂教學過程中，可以綜合多種資訊資源，使用多種課程教學配備，使課堂教學更生動有趣，如在地理課教學中，使用 Google Earth 查看某地的地形或實景照片。二、自由化：學生或一般大眾能透過資訊網路，隨時隨地隨心所欲地學習，課本不再是紙質的而是電子書，學習場所不再侷限

於課堂或教師講述內容，這樣終身教育系統才能真正實現。三、體驗化：
透過虛擬現實技術和3D技術發展，可模擬現實學習環境，讓學生更直觀
理解教學內容。孔德彭、孔德輝與閆豔敏（2013）認為在智慧教育環境方
面上，其展示形式常常為智慧教室、區域性智慧校園、虛擬學習社區，因
而智慧學習的推進程度取決於智慧教育裝備設計技術的進步（如圖1-7）。
除此之外，祝智庭與沈德梅（2013）則主張智慧學習環境的基本特徵為基
於學習者的個體差異（例如：能力、風格、偏好、需求）提供個性化的學
習診斷、學習建議和學習服務。

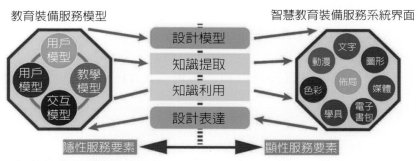

圖1-7　智慧教育設備服務系統
資料來源：孔德彭、孔德輝和閆豔敏（2013）。

　　綜上所述，智慧教育藉由數位科技學習輔具的優勢，使教師可以根
據學習者的需求和背景打造適合的教育：個人化教育、多元的知識、加強
創造力。SMARTER教育能擴大教學與學習的場域，使「教」與「學」的
範圍不再侷限於學校教室，讓「無所不在的學習」的理念得以實現。智慧
教育的發展取徑是從智慧課堂開始，進而到智慧教師、智慧教室、智慧學
校、智慧學區而至完整的智慧教育。智慧教室是指提供課堂「教」與「學」
服務，具有便利、效能及智慧特性的ICT教學輔具。在學區內建立智慧
教室、智慧學校、智慧學區之三層式系統運作架構，學區的教育雲與學校
教育雲和班級智慧教室，三個層次之間的訊息與作業，可以自動分流與整

合，形成屬於學區的教與學神經網路系統。智慧教育係為應用科技提升教育競爭力的理想願景，發揮科技在教學上的積極貢獻，發展有效能、可複製、會擴散的創新教學模式，進而創造教育的無限可能（張奕華，2013c）。

參、智慧教育政策

　　依據聯合國教科文組織教育資訊科技研究所出版之《教學和學習的智慧教育策略：重要分析架構和案例研究》（Smart Education Strategies for Teaching and Learning: Critical analytical framework and case studies）報告指出，各國家在資通訊科技教育（ICTE）及智慧教育的政策與策略（如表1-2）（UNESCO IITE, 2022b）如下：

表1-2　世界各國在資訊及通信科技教育（ICTE）及智慧教育政策與策略

國家	人口數（2022）	資訊及通信科技教育政策（歷史）	智慧教育政策（最新）	2021人均國民所得	人類發展指數（2022）	平均就學年數（2019）
中國	1,448,471,400	1. 2011-2020教育ICT十年發展計畫（2012） 2. 第13個五年教育ICT計畫 3.《教育資訊2.0行動計畫》（2018）	1. 邁向2035年教育現代化計畫 2. 下一代人工智慧發展計畫	$11,890	0.758	8.1
埃及	106,156,692	1. 2007-2010埃及ICT策略 2. 2013-2017埃及ICT策略	埃及國家AI策略（2021）	$12,910	0.7	7.4

國家	人口數（2022）	資訊及通信科技教育政策（歷史）	智慧教育政策（最新）	2021人均國民所得	人類發展指數（2022）	平均就學年數（2019）
印度	1,406,631,776	資訊及通信科技融入學校教育之國家政策（2012）	1. 2020國家教育政策 2. 國家AI策略（2019）	$7,220	0.645	6.5
模里西斯	1,274,727	1. 邁向 i-模里西斯的國家資訊及通信科技策略計畫（2011-2014） 2. 2007-11國家資訊及通信科技政策 3. 教育部長為模里西斯教育領域打造的資訊及通信科技策略 4. 2017國家開放資料政策	1. 2030數位模里西斯策略性計畫 2. 數位政府轉型策略（2018-2022） 3. 2018模里西斯人工智慧策略	$25,530	0.796	9.5
俄羅斯	145,805,947	2025前的俄羅斯聯邦教育發展策略（2015-2025）	國家數位轉型目標（2018）	$11,600	0.824	12.2
新加坡	5,943,546	1. 資訊教育總計畫I（1997-2002） 2. 資訊教育總計畫II（2003-2008）	1. 智慧國家計畫（2018） 2. AI新加坡計畫	$64,010	0.935	11.6

國家	人口數（2022）	資訊及通信科技教育政策（歷史）	智慧教育政策（最新）	2021人均國民所得	人類發展指數（2022）	平均就學年數（2019）
		3. 資訊教育總計畫 III（2009-2014） 4. 資訊教育總計畫 IV（2015-2020）				
南非	60,756,135	1. 數位學習白皮書（2004） 2. 開放式學習政策（2018）	第四次工業革命和高等教育後階段的部長任務小組（2022）	$6,440	0.705	10.2
南韓	51,329,899	總體計畫 I（1996） 總體計畫 II（2001） 總體計畫 III（2006）	總體計畫 IV（2010）：智慧教育 總體計畫 V：學生中心教學	$34,980	0.906	12.2
英國	68,497,407	了解科技教育之潛力：給教育機構與科技產業的策略	國家 AI 策略（2021） 可靠的、倫理的且廣泛的蘇格蘭人工智慧策略	$45,380	0.92	13.2
美國	334,805,269	國家教育科技計畫（2017） 國家高等教育科技計畫（2017）	更新 2021 年全國教育科技計畫	$70,430	0.92	13.4

　　對應到我國教育部歷年來所實施的資訊教育政策，前教育部資訊及科技教育司長郭伯臣提及，校園資訊設備網路建設與中小學數位學習發展

歷程，從奠基資訊設備與網路健全教師教學設施（包括：電腦教室環境、數位教育環境、雲端學習環境、智慧學習環境），到建構支援個人學習載具，並推動個人化適性化學習（包括：數位學伴、電子書包、行動學習、科技輔助自主學習）（如圖1-8）（個人通訊，2021 年 11 月 25 日）。

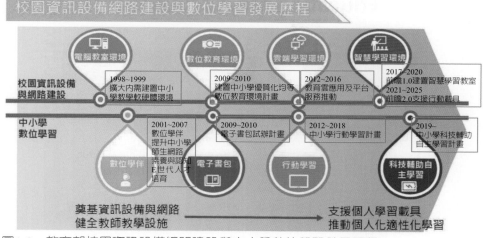

圖1-8　教育部校園資訊設備網路建設與中小學數位學習發展歷程

第三節　智慧教育的實踐

壹、南韓智慧教育政策

在上述國家中以鄰近我國之南韓為例，自 2015 開始無紙化教科書的「智慧教育」（smart education），在第一線學校的紙本教科書消失了，取而代之的是數位化教科書的「智慧教育」。南韓政府於目前既有的教科書內容上，融合多樣化的參考資料及學習支援機能，開發數位化教科書的使用計畫。數位教科書將可利用 PC、智慧型平板電腦或智慧型 TV 等載具，加以進行閱讀。除此之外，為了支持智慧教育，南韓政府亦發展網路線上評量以及個別學生的學習診斷體制，一起建構出活用計畫（Advanced

Technology Korea, 2011）。Seo（2012）指出，南韓的 SMART 教育的五項學習元素爲：自我引導（self-directed, self-initiated）、富有趣味（motivated, with fun）、個別適應（adaptive, customized）、資源豐富（resources, rich resources）以及科技使用（technology embedded, use of ICT）（如圖 1-9）。

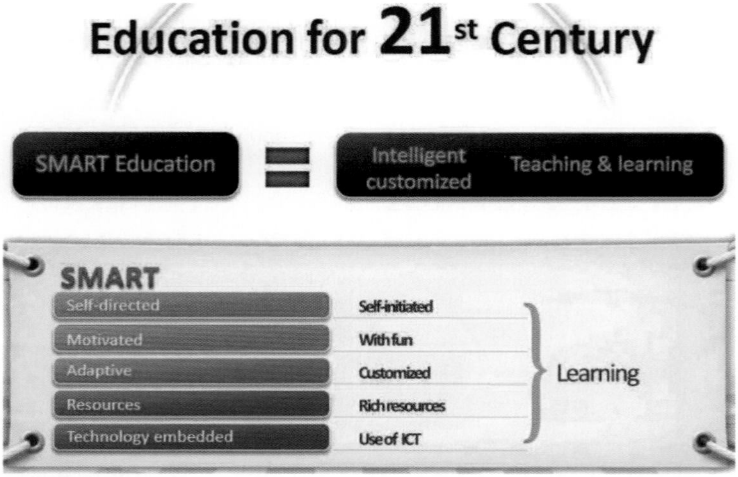

圖1-9　南韓智慧教育
資料來源：Seo (2012).

　　智慧教育的政策目標係爲根據學習者的需求和背景，打造適合的教育包含個人化教育（personalized education）、多元化知識（diverse knowledge, timely knowledge acquisition）以及強化創造力（creativity-enhanced education）（如圖 1-10）（Seo, 2012）。

　　Seo（2012）進一步指出，南韓智慧教育政策目標在於改變以下三個現況：從以學年爲中心的量化（quantitative）評量（準備大學入學考試），轉變成以描述性（descriptive）和質化（qualitative）方式評量學生能力；從紙本教科書汲取有限知識，轉變成擴展多元及創意知識；從以教育中等程度學生的學校，轉變成教育所有學生的學校（如圖 1-11）。南韓政府在對應智慧教育政策下的智慧教育主要任務，含以下三項（如圖 1-12）：改

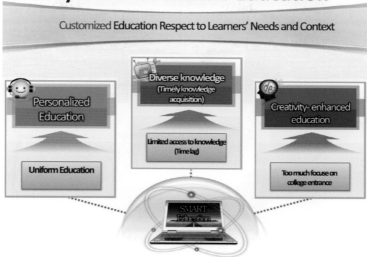

圖1-10　南韓智慧教育政策目標
資料來源：Seo (2012).

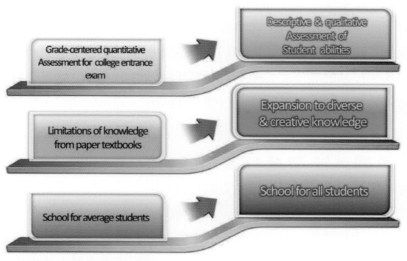

圖1-11　南韓智慧教育政策目標
資料來源：Seo (2012).

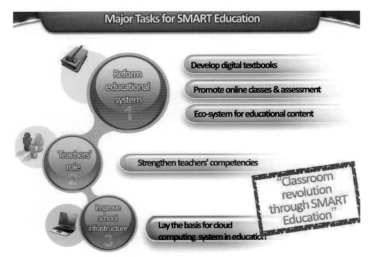

圖1-12　南韓智慧教育的主要任務
資料來源：Seo (2012).

革教育系統（reform educational system）、強化教師角色（teachers' role）
以及改善學校基礎設施（improve school infrastructure）。在「改革教育系
統」方面的主要任務包含：發展數位教科書、促進線上課程與評量、發展
教育生態系統內容；在「教師角色」方面，主要的任務為強化教師的能力；
在「改善學校基礎設施」方面，主要的任務為奠定教育雲端運算系統的基
礎。透過智慧教育，以達到教室翻轉（classroom revolution）的目標（Seo,
2012）。

貳、中國大陸智慧教育政策

　　從二十世紀九零年代開始的資訊科技革命，其影響遍及世界各地，並
引導了各個領域的尖端知識演進。對教育而言，在教育領域當中全面深入
的運用現代資訊技術，以促進教育改革與教育發展，即是一種教育資訊化
的發展。教育資訊化是一種平衡多方關係、創新應用發展、追求卓越智慧
的過程（黃榮懷，2014），而智慧教育作為教育資訊化的一種進步形式，
成為各國發展教育、加強人力資源、推動經濟社會發展的戰略選擇。智慧

教育即 Smart Education，主要是指技術支持的智慧教育，Smart 一詞被解釋爲「智慧型，並具有獨立工作的技術設備」。因此，智慧教育專指資訊技術支援下的發展學生智慧能力的教育（祝智庭，賀斌，2012）。

先進國家如美國、英國、新加坡、日本、南韓等都已敏銳察覺到資訊技術對教育的巨大作用，實施了一系列基礎教育資訊化發展戰略，將焦點放在基礎設施、信息技術與課程整合、數位化學習資源等，已取得卓越成效（朱莎，張屹，楊浩，吳砥，2014）。有鑑於此，中國大陸也以教育資訊化帶動教育現代化作爲其二十一世紀教育的重大戰略部署。中國大陸教育部於 2010 年發布《國家中長期教育改革和發展規劃綱要（2010-2020 年）》，首次提出「加快教育資訊化進程」概念，闡述資訊技術對教育發展具有革命性影響，必須予以高度重視，以通過教育資訊化整體提升教育質量。爲貫徹其中精神，中國大陸教育部於 2012 年研擬《教育資訊化十年發展規劃（2011-2020 年）》，對未來十年的中國大陸各基層單位教育資訊化的發展工作做好整體部屬。其核心工作包括：縮小區域數字化差距、培養學生資訊化環境下的學習能力、加快資訊化建設、創新人才培養方式。中國大陸的智慧教育政策現在將目標放在基礎建設與設備的確立，包括各學校寬帶網路建設、數字教育資源開發與應用、網路學習普及、管理深入資訊化，並加強教師資訊能力培訓（中華人民共和國教育部，2014）。在其 2014 年教育資訊化工作思路當中，以加強各地區學校、各職業學校有關教育資訊化的先備條件及師資管理要務，做爲承先啓後、引領國家教育全面邁向智慧教育的紮實基礎。

智慧教育對教育產生了革命性影響，未來的教育發展應以促進智慧學習（smart learning）爲核心，應用技術幫助學生改善學習，讓學生掌握適應資訊時代的學習與生存方式，促使傳統教學做出改變。同時也應考慮到雲端計算等新技術，將其引入教育系統，進行整合與優化，建構教育雲端服務，形成智慧校園系統。如此可聚集更大範圍的教育資源，也能讓學生不再侷限於課堂上學習，突破學校教學時空的界線，由封閉走向開放

（柯清超，2013）。對中國大陸來說，在 2020 年欲達成的智慧教育核心發展目標包括：建成人人可享有優質教育資源的資訊化學習環境、形成學習型社會的資訊化支撐服務體系、實現寬帶網絡的全面覆蓋、顯著提高教育管理資訊化水準以及資訊技術與教育融合發展（中華人民共和國教育部，2012）。中國大陸建構智慧教育的過程當中，參考了不少已開發國家推動智慧教育的經驗與記錄，並分析比較其實施的時空背景與成效，目的在幫助研究者與決策者瞭解差距，從而深入的學習與借鏡。中國大陸教育以培養資訊時代所需之國家人才爲根本目標，智慧教育是科技與教育的高度融合，也是未來教育發展的寬廣大道。

參、南韓智慧教育案例

　　南韓政府於 2011 年公布了「智慧教育」（SMART Education）計劃，將智慧教育定義爲智慧和適應的教學和學習系統（intelligent and adaptive teaching and learning system），啓用新的教學方法、課程、評估、教師等，以符合 21 世紀知識型社會之所需；而學習型式是在最佳的通訊環境中整合社會學習（social learning）和適應學習（adaptive learning）。在「智慧教育」計畫中的 SMART，每一個字母均代表智慧教育的概念，亦即字母 S 代表「自我導向」（Self-directed）學習，透過線上的即時學習（just-in-time）促使上課時間更爲靈活彈性；字母 M 是引起學習動機（Motivated learning）的簡寫，與教育方法有關的學習方式像是合作學習（collaborative learning）和體驗學習（experiential learning），才能引起學生的學習動機；字母 A 代表「適應」學習（Adaptive learning），係指能依據學生能力致力於個人化學習（individualized learning）；字母 R 代表「資源豐富」（Resource-enriched）的學習，與教育內容有關的學習資源，才能支持學生的問題解決能力（技巧）和創造力；字母 T 代表「科技嵌入」（Technology-embedded）的學習，是透過尖端科技來支持學習空間擴展到家庭和社區。綜上所述，智慧教育是通往 21 世紀社會的全面

途徑，而不僅限於側重科技導向（Kim, Jung, Lee, Jung, & Seo, 2012）。

　　在推動智慧教育計畫的過程中，南韓的教育與研究資訊局（Korea Education and Research Information Service，以下簡稱 KERIS）扮演關鍵的角色；KERIS 是依據 KERIS 法案（法律 5,685 號），於 1999 年 4 月 22 日成立。KERIS 整合了南韓多媒體教育中心（KMEC）和南韓研究資訊中心（KRIC）。KERIS 是隸屬南韓教育、科學與科技部底下的一個組織，主要是發展、提議和諮詢目前和未來教育相關的政策和計畫。KERIS 目前的重點是在發展南韓和海外共同教育系統中的資訊與通信科技（ICT），並密切與國際組織合作（例如：世界銀行、聯合國教科文組織），以協助其他國家發展或提高自身的資訊與通信科技的基礎設施。除了政策之外，KERIS 提供教育人員和公眾教育服務，例如「全國教育訊息服務」（NEIS）、「研究資訊服務系統」（RISS）、「全國教育服務系統」（EDUNET）以及「南韓開放式課程」（KOCW）。KERIS 的任務如下：透過數位學習支持系統，改善公共教育和人力資源發展的品質；運作和管理「國家教育資訊系統」（NEIS），提供學校行政資訊的使用；運作「全國教學與學習中心」（EDUNET）和教育資訊服務系統，讓所有教師、學生和市民能夠使用有價值的教育資訊和經營志願性質的線上學習社群；運作「研究資訊服務系統」，進行訊息共享服務，以提供使用國內和國外的訊息資源以及全文的出版期刊文章與論文；調查與評估教育學術資訊數位化的現況，並研究和支持發展教育政策的執行等。另外，在教育數位學習（e-Learning in education）方面，KERIS 正參與許多數位學習的研究，試圖強化現有的教育系統；例如 KERIS 現在正在進行一項「無所不在的學習」（ubiquitous-learning, u-learning）課堂的研究，讓學生在平板電腦中使用電子教科書，以瞭解無所不在的學習環境對學習的影響。而「網路家庭學習系統」（The Cyber Home Learning System, CHLS）是一個基於網路的系統，能讓學生在家或在學校之外的地方自學。學生可以依照他們自己的步調配合可以調整的教材，以符合個人的需求（Wikipedia, 2013d）。

在南韓教育部的「智慧教育」（smart education）報告中指出，在2014年時，小學各科教科書可以完成數位化，在2015年，初中及高中教科書也會完成數位化；未來所有小學到高中的學生，都可以利用智慧手機、平板電腦及智慧電視等，閱讀教科書，減輕學子書包的重量。在此同時，南韓政府從2012年起，每年訓練四分之一的教師，協助教師操作「智慧教育」所需的設備，以配合2015年電子教科書的啓用（教育部電子報，2011）。南韓電子書概念（如圖1-13）的內涵，包含字典、多媒體、超連結、資料蒐集、習作手冊等形式；電子書的運作方式包含了連接全國知識庫（national knowledge DB）、連結研究機構的學習資源（learning materials of institutions），並輔以創作工具（authoring tool）、評量工具（evaluation tool）以及學習管理系統（learning management system）。學生透過電子書包的使用，無論是在任何時間、空間，或在學校、家庭，都可以查找資料。電子書亦匯集了先前的教科書、參考文獻、習作、字典的所有內容，並且提供一個包含影片、動畫和虛擬世界的學習環境。此種以學生爲中心的教科書，旨在促進學生各種方式的互動，並且允許學生根據

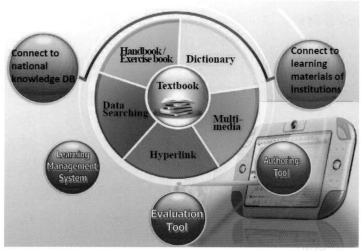

圖1-13 南韓電子書的概念
資料來源：Seo (2012).

自己的需求和程度學習（Seo, 2012）。

以電子書包結合數位教科書的智慧學習（smart learning）與終身學習數位化的效益，可由以下實例更加突顯（Kim, 2012）：

> 一位五年級小學生Yu-jin，從來沒有忘記在他的書包帶上平板電腦，這是他上學最不可缺少的設備。平板電腦做爲他的課本、筆記本和組織者。開學前，他已透過網路，下載所有必須學習的課程。而他的母親，也幫助他從學校教師的網站，每天下載附加的文本和影片，因此不再需要額外的教科書或學習材料。今天在學校上課時，當教師在教室螢幕上介紹有關恐龍和火山的課程時，他拿出自己的平板電腦，查看數位教科書。放學後，當Yu-jin在享受他的點心時，他的母親透過平板電腦，幫助他檢查進度、作業以及預習課程。更重要的是，他可以透過電視在家自學，而不是就讀私人教育機構進行補充學習。Yu-jin的父母也利用這種科技的優勢練習外語，每天花30分鐘，閱讀網路上的學習材料，並且另外花30分鐘的時間，透過網路影片與道地的外國人談話。至於Yu-jin的祖父母，他們觀看有關安東尼‧高第（Antonio Gaudí）以及他終身在建築成就上的電視記錄片，做爲他們前往西班牙旅遊的準備。

教育和雲端計算的結合，掀起了南韓一股改革教育體系的風潮。生活在數位資訊的世界，能讓學生享受智慧教育，不再受到空間或時間的限制。資訊和科技的發展，使智慧教育或智慧學習被理解爲新的教育體系。在數位學習（電子學習）（e-Learning, electronic Learning）、M 學習（移動學習）（m-Learning, mobile Learning）、和 U 學習（無所不在的學習）（u-Learning, ubiquitous Learning）之後，迎接了二十一世紀智慧學習（smart Learning）時代的來臨（Kim, 2012）。

第二章

素養導向之智慧教與學

　　108 課綱的教育理念是〔自動好〕——自發：培養孩子自主行動，擁有學習與創造的熱情。互動：學習跟自己不一樣的人溝通合作，創造更多可能。共好：關心身處的環境並樂於參與，促使社會往前進步。為了落實 108 課綱之教育理念，除了需要投資軟硬體環境建設，更需要加強投資智慧教與學，而智慧化的教與學是達成智慧教育目標的關鍵（張奕華、吳權威，2014）。生生用平板教學新環境是在一對多的教學環境中實施「類一對一」的理想環境，是實施「素養導向」、合作學習、多元評量、數據決策、因材施教等現代教學法的智慧載具。教師應善用智慧教學系統的互動學習、任務學習、差異化學習和多元評量等智慧教學功能，以發展出「類一對一」的生生用平板教學方法與策略。智慧教育可藉由數位科技學習輔具的優勢，促使教師「關注每一個孩子」，並根據學習者的背景與需求提供合適的教育，發展學習者的多元智慧、培養團隊合作素養、提升創造與創新能力。智慧教育符應 108 課綱精神，是國內學校教育人員齊心努力的目標（張奕華，2022）。

　　配合教育部 108 新課綱的實施，素養導向教學的課堂是所有教師的日常，在生生用平板的智慧教室裡，當然必須能夠支持多元的教學型態，例如學習共同體、TBL 團隊合作學習、PBL、探究式學習、學思達、閱讀理解教學、翻轉課堂等。這些教學型態的共同點，都是要促進學生主動學習，刺激學生思考、討論、表達，這些都需要強而有力的教學軟體支持，教師在課堂上進行時才有可能事半功倍（醍摩豆智慧教育研究院，2022a）。有鑑於此，教師如何在課堂中應用智慧教學科技，以及如何運用整合雲平

台、AI人工智能和大數據的新一代教學軟體，充分利用生生用平板學習環境，讓學生學習更精進，也協助教師教學更省力，進而實踐「生生用平板」的素養導向教學，亦顯得格外重要。

第一節　建構SMARTER教與學環境

　　建構智慧教與學環境是實踐「生生用平板」素養導向教學的前提，而智慧教與學環境之具體建構，可以依據SMARTER（智慧）教育的內涵元素（如圖第一章之圖1-5），亦即其核心元素加以建構學習環境，依序說明如下：

壹、以學生為中心（Student-centered approach）

　　智慧教育思想的核心理念是由「教師中心」轉化以「學生中心」，學生由「被動學習」轉化為「主動學習」（如圖2-1）。學習型態的核心理念是學生由聽講、閱讀、視聽媒體，轉化為操作示範、小組討論、實作練習到教導別人（如圖2-2）。教學模式的核心理念是教師由LBL講述式，轉化為TBL團隊合作、PBL問題導向和一對一的教學（如圖2-3）（張奕華、吳權威，2017）。

圖2-1　教育思想核心理念

圖2-2　學習型態的核心理念

圖2-3　教學模式的核心理念

一、TBL意涵與TBL智慧教室運作方式

　　在 TBL 智慧教室中，以小組為單位進行團隊合作學習，結合科技輔具讓學生透過溝通、合作、討論、分享，將以往以教師中心的教學轉化為以學生為中心的學習方式，翻轉傳統課堂（網奕資訊，2022a）。以下針對 TBL 意涵與 TBL 智慧教室運作方式加以說明：

㈠**TBL定義**

　　TBL 是 Team-based Learning 的縮寫，也就是團隊合作學習的意思，在課堂上，將學生以隨機、同質或異質等方式分成小組（群組），小組成員圍成一桌，便於群組討論，以自學、思考、討論、發表等方式學習並解決問題。有關 TEAM Model TBL 團隊合作學習模式學術全文，請掃描圖 2-4。

圖2-4　團隊合作學習模式學術全文

㈡**TBL團隊合作學習模式內涵**

　　Michaelsen 和 Sweet 指出 TBL 團隊導向學習的定義中包含許多步驟：包含了預習、個人測驗、小組測驗、小組申訴討論、團隊作業等。這些步驟是希望學生能夠先自學，且為確保學生自學的基本成果，再加上個人測驗與小組測驗。小組測驗以討論共識方式進行，有問題也可以提出來和教師互動，目標是準備好基本知識，以進行更高層次的團隊作業來完成學習任務。原本由 Michaelsen 所定義的 TBL 團隊導向學習步驟在準備上需要花費大量時間，也需要印製特殊的考卷，因此多被資源豐富的醫學體系採

用，基礎教育部分則比較少。Michaelsen 後來也指出，TBL 的關鍵要素在於適當的分組、能確保個人自習與小組學習的評量方式、即時且經常的回饋互動、能促進學習與團隊精神的小組任務設計。「TEAM Model TBL 團隊合作學習模式」（以下簡稱 TBL 團隊合作學習模式），是基於 TBL 團隊導向學習與醍摩豆（TEAM Model）智慧教室的一種創新教學策略與模式，它具有以下內涵（見表 2-1）（引自梁仁楷、張奕華、吳權威，2015）：

表2-1　TBL團隊合作學習模式的內涵

1. 團隊分組	將學生分成數個團隊
2. 布置問題	以合作討論、解決問題為課堂核心
3. 主動學習	讓學習主動權回到學生手中
4. 教師引導	教師使命在於引導與促進團隊合作動力
5. 社會學習	學生在社會化情境中學習，發揮大班教學的長處
6. 科技輔助	教師運用科技來促進學生學習
7. 看見思考	教師掌握個人、團隊、全班的學習狀況

(三) TBL智慧教室運作方式

　　TBL 課堂教學模式研究已經有數十年的歷史，不過以往在傳統教室中，教師想要實踐這種學習效果非常好的教育理念，對許多教師來說並不容易，過程十分困難。但是透過科技的幫助，將能讓教師們更加容易加入TBL 團隊合作學習模式的行列。

　　TBL 智慧教室（如圖 2-5）主要是由教師端電腦上的 HiTeach 5 與學生端小組觸控裝置的 HiGroup 所構成。在環境配合上，教室需要配置可對外連線上網際網路的環境，並搭配可對外連線的無線 AP，教師與學生小組之間即可連線互動。比較建議搭配大型電子白板觸控裝置（互動電子白板或觸控液晶電視），才能展現 HiTeach 5 強大的各項電子白板工具。另外，假如教室中每個學生都配置 IRS 遙控器或行動載具，則請參考 IRS智慧教室與移動學習智慧教室的環境。

圖2-5　TBL智慧教室

㈣配備與情境

　　TBL 智慧教室環境是結合 TEAM Model 與智慧課堂的概念，即爲「TEAM Model TBL 團隊合作學習模式」（簡稱 TBL 團隊合作學習模式），係爲基於智慧教室的 TBL 應用環境以及關鍵應用機制，實現教學與資訊科技的深度融合。

1. 教師端：安裝 HiTeach 5 專業版授權，手機安裝 HiTA 5 醍摩豆教師 App 無線整合 HiTeach 5，進行課堂教學及師生互動功能。

2. 學生端（小組）：學生小組可用各式可觸控的移動型裝置（例如平板電腦、筆記型電腦、大型觸控液晶螢幕）開啓 HiGroup 進行反饋互動。

3. 學生端（個人）：學生可依據預算選用 IRS 即時反饋器或 Web IRS 搭配各式移動型裝置（例如手機、平板電腦、筆記型電腦）開啓 Web IRS 5 進行反饋互動。

4. 教室：建議配置觸控裝置（例如 Haboard 互動電子白板）讓教師用手即可操作電腦，以及使用 HiTeach 5 強大的電子白板工具。

㈤ 小組同步任務的步驟

　　HiTeach 5 的同步影音和數據傳輸技術，支持與各小組同步互動所需之數據互動型態，能促進合作、分享表達，以提升 TBL 團隊合作學習的品質與效能。

1. 推送與作品蒐集：小組同步任務是結合教師端HiTeach 5與學生端小組HiGroup的任務功能，教師端準備好教材（簡報或多媒體內容），按下開始課堂鈕之後，可以隨時啟動同步任務（作品收集功能），教師端的教材任務會自動同步到學生端小組HiGroup上，小組成員則可根據任務討論，梳理、彙整結果後遞交給教師端HiTeach 5，各小組在完成與遞交任務過程中，教師端作品蒐集視窗可以充分掌握每一小組的完成進度，依據時序挑選作品進行觀摩、比較、互評、表揚、批註、解說或分享等活動。

2. 任務跟隨：當教師端切換教材任務時，學生端之任務跟隨功能會與教師端任務頁面同步，接續該項學習任務的新操作。

3. 任務歷程瀏覽：教師端可依據任務特性，開啟或關閉每一項任務的遞交開關，尚未關閉的學習任務，學生端可以使用任務歷程瀏覽功能，查看任務歷程、遞交後來才完成的作品，或更新作品。

4. 多元任務型態：教師端啟動同步任務時，可以選擇遞交作品型態，例如任務畫板（圖片）、錄音、錄影、文字或多媒體檔案（PPT、Excel...）等，充分支持同步課堂之學習與練習活動。

　　除了小組團隊合作的應用之外，如果能夠讓每個學生都擁有一個互動反饋終端，則在 TBL 智慧教室中所能應用的教學模式就更多，可讓每位學生都有自主表達的機會，對教師而言則有更多數據來判斷全班整體的表現，關注到教室裡每一位同學。學生反饋終端的選擇包括 IRS 即時反饋裝置，或者一生平板（或手機）的 Web IRS，請參考 IRS 智慧教室（請掃描圖 2-6）與移動學習智慧教室（請掃描圖 2-7）的介紹。

圖2-6　IRS智慧教室

圖2-7　移動學習智慧教室

二、差異化教學

　　教學的主體在於學生，任何一種教學方法的運用，必須以能夠激勵學生有效學習爲優先考量。傳統的講授法偏重於內容傳授，忽略學生學習需求差異性，導致學生學習效果有限。爲讓教師教學內容和方法更能貼近學生個別差異和需求，「差異化教學」（differentiate instruction）可以補傳統講授法之不足。差異化教學係指教師能依據學生個別差異及需求，彈性調整教學內容、進度和評量方式，以提升學生學習效果和引導學生適性發展，此種觀念與孔子所提倡的「因材施教」理念是相通的（吳清山，2012）。換言之，差異化教學是因材施教的基本功，專業教師的基本素養。教師根據班級學生的學習能力、學習態度、學習階段等，設計差異化學習活動；不同教師設計不同班級的教學活動，自然會存在差異，也是教師專業的一大展現（網奕資訊，2018）。而應用 HiTeach 5 智慧教學系統所發展出來之同步差異化教學（synchronous differentiated instruction, SDI），是在一對多的課堂學習環境中，根據學習數據同步對小組或每一個孩子，提供不同的學習材料或情境（網奕資訊，2022b）。以下針對差異化教學類型、差異教材設計與差異化推送功能的應用加以說明（網奕資訊，2018）：

㈠差異化教學類型

　　落實差異化教學的方法包含依照學生能力分派任務內容，兼顧各程度的學生，讓他們能運用所學過的知識來解決問題，尊重並接納每位學生的差異性，考量學生不同的學習需求與學習風格，採用不同教學策略和教學活動，給予不同的任務，最後進行多元的學習評量（親子天下，2021）。而基於不同教學經驗與智慧，每位教師各有一套其差異化教學設計，爲了便於分類，可概分爲內容差異、教材差異、教法差異、評量差異等四種類型（如圖 2-8）。

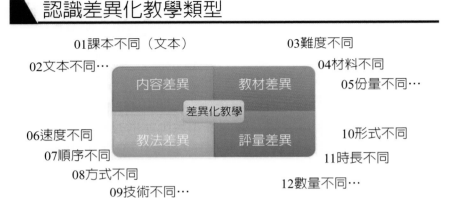

認識差異化教學類型

01課本不同（文本）　　　　　　03難度不同
02文本不同…　　　　　　　　　　04材料不同
　　　內容差異　　教材差異　　　　05份量不同…
　　　　　　差異化教學
06速度不同　　教法差異　　評量差異　　10形式不同
07順序不同　　　　　　　　　　　　11時長不同
08方式不同　　　　　　　　　　12數量不同…
09技術不同…

圖2-8　差異化教學類型

(二)差異教材設計

1.差異教材設計與實施對象

在學習活動中出現學習差異時（例如有人已經學會了，有人還沒有學會，有些小組已經學會，有些小組還沒有學會），為了加速還沒有學會的個人或小組跟上學習進度，教師會採用許多差異化方法和策略，來幫助這類學生（小組）加速學習。當教師投入時間資源到薄弱小組（個人）時，只能暫時忽略學習進度較快小組（個人），或者輪流進行學習活動，這是「分時差異化」的教學策略。

同步差異化教學是指在一對多的課堂裡，教師同步進行差異化策略，在受眾範圍、教材、教法和科技等面向實施差異化。例如教師準備難度不同、材料不同和份量不同的差異化教材，針對全班、小組或每一個人，同步進行差異化教學，以幫助不同班級、不同小組、不同學生進行更好的學習（如圖 2-9）。

2.差異教材設計與因材施教

根據學生需求、興趣和能力（經驗）設計難度不同、材料不同和份量不同的差異化教材，就可以在智慧技術支持的教學環境中，針對全班、小組或個人，進行同步差異化教學活動（圖 2-10）。

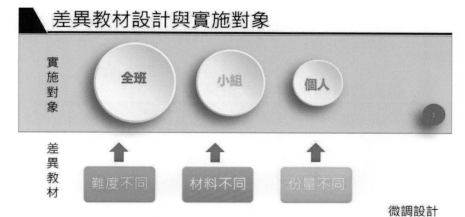

圖2-9　差異教材設計與實施對象

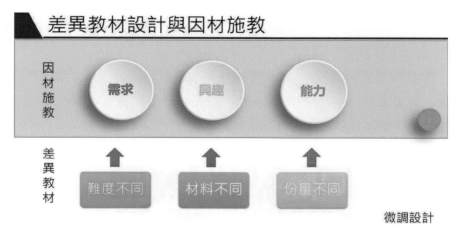

圖2-10　差異教材設計與因材施教

3. 差異教材設計與生本策略

　　從學生角度（生本策略），營造具有選擇權、充滿挑戰性和容易成功的學習情境，教師準備豐富的差異化教材，進行同步差異化教學透過 TEAM Model 支持系統，實施同步差異化教學，智慧教學支持系統協助三個主要環節包括差異教材設計、數據決策、智慧推送等三部分。這些新技術讓同步差異化教學變成可能，突破了傳統課堂操作繁瑣、幾乎不可

能翻越的障礙。綜上所述，同步差異化教學，就是現代化因材施教（如圖 2-11）。

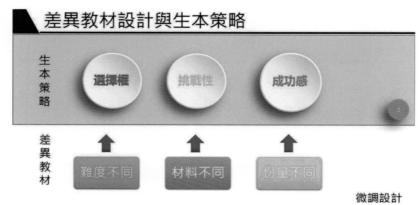

圖2-11　差異教材設計與生本策略

有關 HiTeach 5 同步差異化教學應用示範影片（包括：「錦囊妙計智連環」同步差異化教學示例--FedEX Logo、小貓頭鷹藏在哪裡？我是心理醫師、依年資分享教學經驗），請掃描圖 2-12。

圖2-12　同步差異化教學應用示範影片

㈢差異化推送功能應用

　　教師先進行差異教材準備，然後透過 HiTeach 5 提供差異化推送功能的技術支持，即可進行差異教學決策、差異教材推送、差異作品收集，實現現代化因材施教。

1. 使用互動或測驗功能

　　在使用 HiTeach 5 進行教學時，最常使用的功能之一就是各項互動或測驗功能，例如選擇題、是非題、填充題／文字題，當學生端使用 Web IRS 或 IRS 反饋器進行反饋之後，最精彩的就是即時顯示統計圖表，教師進行數據決策後的教學活動。根據數據統計的結果，即可啓動智慧挑人、加分或差異化推送的功能（如圖 2-13）。

圖2-13　啓動智慧挑人、加分功能

2. 啓動差異化推送功能

　　許多互動數據的統計結果皆可啓動差異化推送功能，來源可選擇頁面或者檔案，目的對象則可依數據自動篩揀，例如長條圖、圓餅圖、分類翻

牌、AI 文句分析等應用的統計結果，在上面點擊即可啓動差異化推送的功能（如圖 2-14、圖 2-15）。

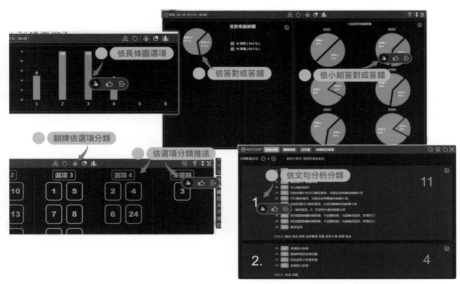

圖2-14　啓動差異化推送功能

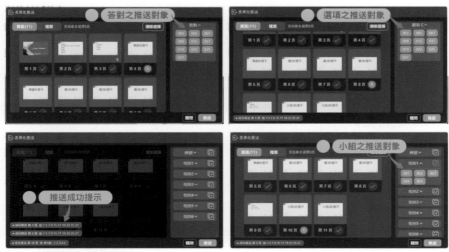

圖2-15　推送成功提示

3. 手動差異化推送

除了根據互動數據結果之外，教師也可以手動推送差異化功能，來源可以是頁面或檔案，推送對象則可以是全班、小組或個人（如圖 2-16）。

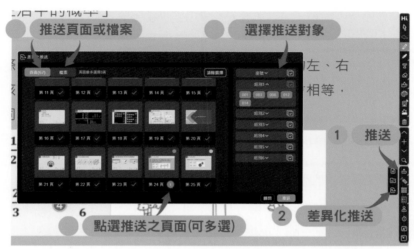

圖2-16　手動差異化推送功能

4. 學生端檢視教師推送頁面

學生端的操作可以從課堂歷程區檢視教師推送的頁面，點選要執行的頁面後就會開啟畫板，就能夠在上面劃記、輸入文字、插入圖片等，接下來按下左上角的紙飛機圖示即可送出（如圖 2-17）。

5. 以不同顏色區隔差異化教材

教師進行差異化教學時，差異化教材的設計最好以不同顏色來區隔，又或者利用 HiTeach 5 頁面編輯的功能，將差異化教材分別標示設定不同的顏色。如此當教師需要布置（推送）不同的題目、難度不同的教材，或者不同提示的學習任務時，比較容易識別與操作（如圖 2-18、圖 2-19）。

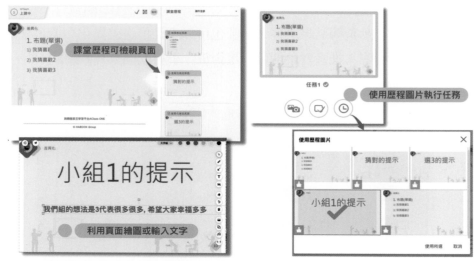

圖2-17 學生端檢視教師推送頁面

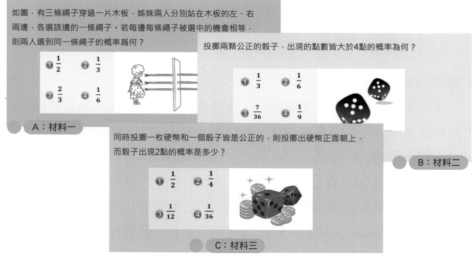

圖2-18 為差異化的教材標示不同背景顏色

三、善用搶權功能促進學生互動

「搶權」功能具有趣味激勵功能，也可以作為實施學生中心的教法工

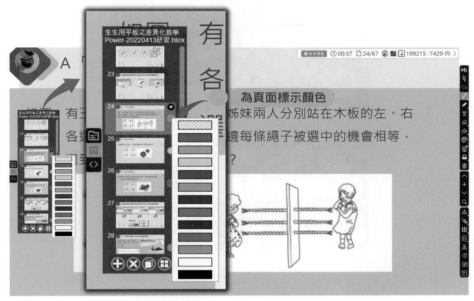

圖2-19　在HiTeach 5的頁面設定功能中標示顏色

具。教師可以提出讓學生以 IRS 即時反饋器或 Web IRS 取得發言權，最快、最先反應的學生會自動跳出名單。教師亦可以使用「HiTeach 5 題目設定工具」，在 PowerPoint 簡報中準備好預計穿插提問的問題，設定好題目的提問反饋類型（支援問答、搶權）、答案等，在 HiTeach 5 中匯入這份 PPTX 檔案進行簡報時，播放到有設定好問題的頁面就會自動顯示互動反饋區，請學生、學員或聽眾回答。教師亦可以點擊 HiTeach 5 工具列的同步互動按鈕，進行智慧評分三大功能（星光大評分、多輪投票、同儕互評）（請掃描圖 2-20）。教師在課堂學習環境中運用「同儕互評」不僅可以促進學生互動，更是提升學生成績的有效策略。

　　教師使用 IRS 進行「搶權」活動時，以圖 2-21 之「誰能最快找出圖中四葉幸運草在哪裡呢？」為例，教師啓動同步互動——搶權，接著按下主畫面鈴鐺後，最快按下 Web IRS 鈴鐺者取得答題權，教師可點擊大拇指加分（網奕資訊，2021a）。

圖2-20　預設問答與搶權

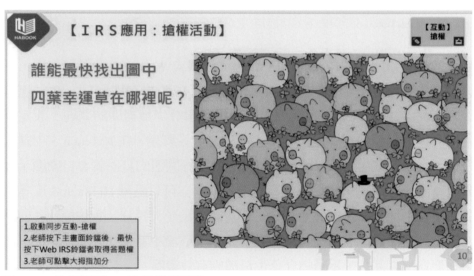

圖2-21　教師應用IRS進行搶權活動

貳、激勵學生學習（Motivate students to learn）

　　激勵學生學習是 SMARTER（智慧）教育的重要內涵元素之一，善用

HiTeach 5 學習動力工具，可以有效激勵學生學習動力，促進課堂學習效果。挑人、記分與差異化（如圖2-22）等三項學習動力工具，是貫穿互動學習、任務學習和測驗學習等課堂學習策略的激勵工具，在 HiTeach 5 的每一張數據圖表和每一份作品頁面中，教師可以根據教學策略啟動這個學習動力工具，只要在圖表上按一下就能快速執行教學決策。

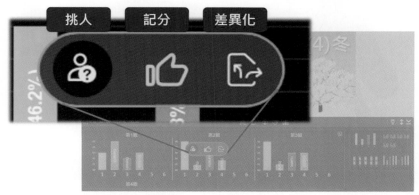

圖2-22　HiTeach 5 學習動力工具

1.「挑人／智慧挑人」功能

　　在教學過程中教師為能了解學生對於單元概念的理解或想法，最常使用亦為快速之方法即是挑人回答，惟在挑人回答的方式上須兼顧到公平性（每一位學生的機率相同）與適切性（挑到對的學生回答、使用與時俱進的科技工具，非傳統的筷子挑人法），才能達到激勵學生學習的目的。教師可藉由手機安裝 HiTA App 與 HiTeach 5 連線，讓手機搖身一變成為遙控器，切換 PowerPoint 或 HiTeach 5 頁面的上／下頁之外，可以無線操作挑人回答（如圖 2-23），教師不必綁在電腦前面，讓教學更生動、自由。進一步言之，教師在教學過程中挑人回答之真正目的除了上述之取得學生回饋之外，挑人回答係關注每位學生的學習狀況。HiTeach 5 的挑人功能系統可根據名單隨機挑人，讓學生專注在課堂上，教師也不用費心課堂公平問題。藉由挑人與智慧挑人功能，教師可以從學生名單中挑選一名或多

圖2-23　無線操作挑人回答

名學生、挑選小組或小組成員、是否可重複挑選等。若結合學生 IRS 反饋數據，則可更進一步依答題正確與否、依答題選項等進行「智慧挑人」（網奕資訊，2022c）。

2.「計分」功能

　　教師在使用 HiTeach 5 開始課堂時，可以為學生進行個別加分，若課中進行搶權、即問即答有被按讚（大拇指）者也會自動加一分。小組得分會自動帶入「記分板」工具的分數，若點選「合組計分」，會將同組的個人分數平均後加在小組分上（如圖 2-24）。而「互動」頁面會自動帶入課堂互動、測驗中答對的分數，即問即答答對一題預設得 10 分，課中測驗則依照考卷設定計分（如圖 2-25）（網奕資訊，2021a）。

3.「差異化」功能

　　HiTeach 5 是全球唯一搭載雙 AI 引擎的智慧課堂教學軟體，整合電子白板功能、師生互動功能和學習評量功能等三大教學功能，充分支持包括互動學習、任務學習、評量學習、差異化學習等教學功能模組的智慧教學系統。HiTeach 5 內建學習歷程數據處理功能，能自動串聯互動學習、任

圖2-24　學生進行個別加分

圖2-25　互動頁面會自動帶入課堂互動、測驗中答對的分數

務學習和差異化學習等教學功能所生成的學習歷程數據。教師巧妙組合應用這些歷程數據，可快速執行數據決策，實現差異化教學方法與策略，

達到同步差異教學的學習效益。教師藉由數據的串聯和教學決策，可以設計許多差異化教學方法和策略，分為五種基本組合應用類型（吳權威，2022a）（如圖2-26）：

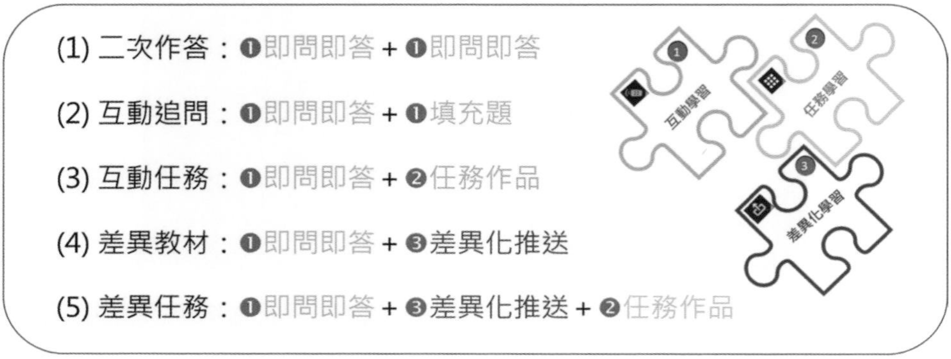

(1) 二次作答：❶即問即答 ＋❶即問即答

(2) 互動追問：❶即問即答 ＋❶填充題

(3) 互動任務：❶即問即答 ＋❷任務作品

(4) 差異教材：❶即問即答 ＋❸差異化推送

(5) 差異任務：❶即問即答 ＋❸差異化推送 ＋❷任務作品

圖2-26　HiTeach 5教學功能組合應用基本類型

⑴二次作答：即問即答 ＋即問即答

　　二次作答是 HiTeach 5 早期系統就已經具備的重要互動教學功能，現在則更為豐富多樣。教師可以串連兩次即問即答數據（第二次選擇重新作答，並保存記錄），包括單選、複選和是非題等均可以串連數據。數據互動區會呈現兩次即問即答的長條圖和圓餅圖（如圖 2-27）。長條圖中會以顏色條圖區分每一次作答、每一個選項的數值，也會呈現變更作答數值和不變更作答數值。圓餅圖則顯示每一次作答的答對率數值，以及每一個小組的答對率數值。教師可以在圖表上使用挑人、記分或差異化推送功能，進行教學決策，達到看見思考、創造改變的學習效果。

⑵互動追問：即問即答＋填充題

　　互動追問組合應用是把單選、複選和是非題數據與填充題功能串接，教師提問請學生選擇答案後，再串接填充題功能，就可以同步追問所有學生說明理由或原因。而翻牌功能會根據選項排列學生的反饋文字，清楚呈現學生端理由說明（如圖 2-28）。

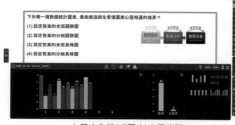

A.二次作答(或三次)之長條圖　　　　　　B.二次作答(或三次)之圓餅圖

圖2-27　二次作答之長條圖與圓餅圖畫面操作示例

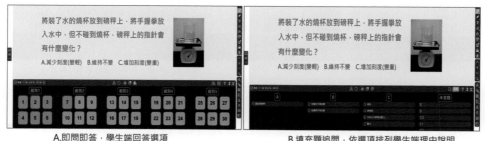

A.即問即答，學生端回答選項　　　　B.填充題追問，依選項排列學生端理由說明

圖2-28　互動追問組合應用畫面操作示例

(3)互動任務：即問即答＋任務作品

　　互動任務組合應用是把單選、複選和是非題數據與任務作品功能串接，教師在應用互動任務組合時，請學生根據自主意願選擇任務後，再依照學習要求完成任務。這樣，學生遞交任務時，教師的任務作品頁面就能根據選項排列學生的作品任務（如圖 2-29）。

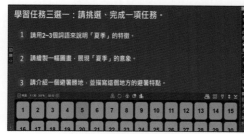

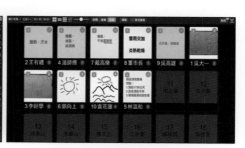

A.即問即答，請學生端選擇任務編號　　　　B.任務作品，根據選項編號排列學習任務

圖2-29　互動任務組合應用畫面操作示例

⑷差異教材：即問即答＋差異化推送

　　差異教材組合應用是把單選、複選和是非題數據與差異推送功能串接，教師可以預先準備好差異化教材頁面，課堂中再根據學生的選項反饋，推送差異化教材頁面給學生（如圖 2-30）。

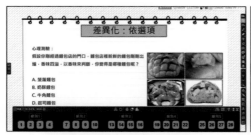

A.即問即答，請學生端按下選項　　　B.差異化推送，教師端依選項推送教材

圖2-30　差異教材組合應用畫面操作示例

⑸差異任務：即問即答＋差異化推送＋任務作品

　　差異任務組合應用是把單選、複選和是非題數據與差異化推送功能串接後，再進一步串接任務作品功能；應用差異任務組合可根據學生能力、正確與否、選項代表的迷思概念等，把差異化任務頁面推送給學生，再請學生完成差異化的頁面任務（如圖 2-31）。

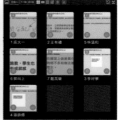

A.即問即答，選擇任務　　　B.差異化推送，依選項推送任務單　　　C.任務作品，依選項排列

圖2-31　差異任務組合應用畫面操作示例

參、使用任何載具（Any-device, anywhere, anytime）

　　平板智慧教室（Student-Tablet Smarter Classroom）也就是移動學習智慧教室（Mobile Smarter Classroom）、電子書包智慧教室。在平板智慧教室中，教師使用 HiTeach 5 的教學互動功能，而學生則能用各式移動型裝置（例如平板、電腦、手機、筆記型電腦）開啓 Web IRS，執行教師指派的各項任務，讓師生互動不受時空限制（如圖 2-32）（網奕資訊，2022d）。

圖2-32　HiTeach 5 學生端之多元學習載具類型

㈠平板智慧教室運作方式

　　（平板智慧教室）移動學習智慧教室（如圖 2-33）主要是由教師端電腦上的 HiTeach 5 與學生端行動載具上的 Web IRS 5 所構成，在環境配合上，教室需要配置可對外連線上網際網路的環境，通常會搭配足夠給所有行動載具對外連線能力的無線 AP，教師與學生之間即可連線互動。比較建議搭配大型電子白板觸控裝置（互動電子白板或觸控液晶電視），才能展現 HiTeach 5 強大的各項電子白板工具。

圖2-33 （平板智慧教室）移動學習智慧教室情境

(二)平板智慧教室配備

1. 教師端：電腦安裝 HiTeach 5 專業版授權，手機安裝 HiTA 5 醍摩豆教師 App 無線整合 HiTeach 5，進行課堂教學及師生互動功能。
2. 學生端：學生可用各式移動型裝置（例如手機、平板電腦、筆記型電腦）開啓 Web IRS 5 進行反饋互動。
3. 教室：建議配置觸控裝置（例如 Haboard 互動電子白板）讓教師用手即可操作電腦，以及使用 HiTeach 5 強大的電子白板工具。

(三)學生端應用Web IRS 5即時反饋系統

1. 學生不用安裝任何軟體

　　Web IRS 是專爲移動裝置使用的學生反饋系統，學生完全不用安裝任何軟體，只要手機、平板與電腦有瀏覽器，就可以讓師生不受時空限制互動反饋，達成同步推送、同步互動、同步任務、同步測驗……等智慧課堂專屬功能，讓每一位學生都能即時發表自己的意見與想法。換言之，學生不須下載任何 App，可使用電腦、平板或手機（IOS 或 Android 皆可）掃

碼或瀏覽器輸入網址 irs5.cc 連線 Web IRS，即可對應教師所開啓的 IRS 活動。

2. 學生終端使用Web IRS連線方式

學生終端使用 Web IRS 連線智慧教室，有以下兩種方式：方法一是手機掃描 QR-CODE；方法二是在瀏覽器輸入網址 irs5.cc，再輸入 HiTeach 5 提供的教室編號與驗證碼（如圖 2-34）。

圖2-34　學生終端使用Web IRS連線智慧教室方式

3. 平板與手機畫面顯示

平板或筆電與手機的顯示介面有差異，平板與筆電的顯示介面包含課堂歷程區與互動學習區，手機受限螢幕大小，需要切換畫面（圖 2-35）。簡言之，學生端使用任何載具（any device），可在任何地方（anywhere，例如線上），在任何時間（anytime，例如非同步議課）進行師生互動、任務相隨（如圖 2-36）。

圖2-35　平板／手機顯示畫面

圖2-36　師生互動任務相隨

4. 訊息互動雙向溝通

　　Web IRS 可以讓師生不受時空限制進行互動反饋，學生透過瀏覽器或掃碼登入，即可立即反饋、傳送圖片、文字，完全不用安裝任何 App 參

與課堂，每個學生都能即時發表自己的意見與想法（如圖 2-37）。

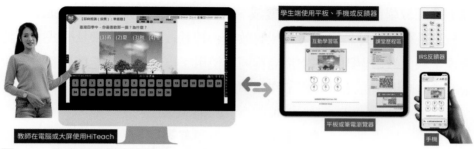

圖2-37　訊息互動雙向溝通

5.隨時隨地傳送圖片

　　教師和學生可以隨時隨地的互相傳送頁面，讓教學現場更容易、更便利，且透過 HiTeach 5 就能夠迅速將資訊整合，不需再使用其他軟體搭配（如圖 2-38）。

圖2-38　隨時隨地傳送圖片

6. 支援各式各樣的測驗題型

　　評量測驗的進行以及批改一直是教師們繁重的工作，惟因疫情展開了線上遠距教學後，評量測驗就變成一線教師們更大的挑戰。HiTeach 5 智慧教學系統的智慧教室評量，能有效整合智慧教室的多種評量模式，並且實現了線上教學與線下課堂都能夠同步使用；自動批改功能讓教師省下大量的批改時間，亦讓教師的工作效率有效提升（如圖 2-39）。

圖2-39　支援各式各樣的測驗題型

肆、可用多樣資源（Resource availability and diversity）

　　HiTeach 5 課堂教學軟體結合了 IES 學習平台的資源整合優勢，建立豐富多樣的教學與學習資源，以支持教師實施智慧教育之課程、教學與評

量之外，更讓教學團隊可以共同備課，包括教材資源、題庫資源和結構化課綱目錄資源，並能整合外部教學資源和外部數位內容。同時，也考量教師教學實際需求，包括數位和紙本之教學資源等。這些預先準備好的、豐富多樣的教學與學習資源，可以隨時、隨地的提供教師在 HiTeach 5 課堂教學活動中使用，讓課堂教學更為便利、更有效能及更具智慧（如圖2-40）。

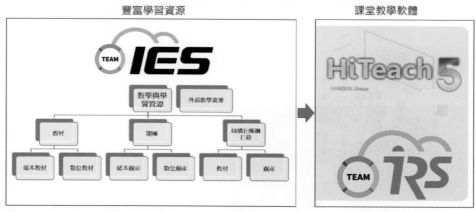

圖2-40　結合IES學習平台建立可用多樣資源

一、內建圖庫豐富教學

HiTeach 5 內建豐富的圖像材料庫，例如五線譜、球場、網格等背景、音樂符號、KK 音標、交通號誌等素材。除此之外，教師可以直接輸入關鍵字，從雲端搜索相關圖片（如：維基百科、Pixabay），並可直接插入到頁面中（如圖 2-41）（網奕資訊，2022c）。教師以滑鼠單擊圖庫右上方的更新符號（即圈圈鈕），雲端將更新「素材庫」與「背景庫」（如圖 2-42）。

二、線上資源庫隨取即用

教師在 IES 上所建立的教材、檔案、多媒體資源……等上課時，

圖2-41 內建圖庫豐富教學

圖2-42 雲端更新「素材庫」、「背景庫」與「範例檔」

即使在不同教室、使用不同的電腦，使用 HiTeach 5 時只要登入自己的醍摩豆帳號，就能隨時存取雲端上所有資料進行教學。教師可以存放如教材（HTEX 檔案、PPT 檔案）、圖片、音訊、影片、PDF、WORD、EXCEL……等各式檔案（如圖 2-43），就像是個人的雲端空間。若學校有

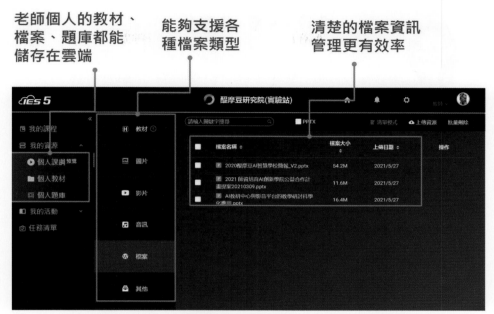

圖2-43　多媒體素材保存線上資源庫隨取即用

購買校級的 IES 管理服務，則可進一步使用學校共有之豐富教學資源（網奕資訊，2022e）。

三、IES平台資源整合功能

　　HiTeach 5 CC（Cloud Classroom）是 TEAM Model 系統開發團隊所研發的跨平台、支援生生用平板或遠距教學之互動教學軟體，以瀏覽器為載體（如圖 2-44），在 Windows、MacOS、iOS、Android、Linux 等各種平台上，都可以使用 HiTeach 5 CC 的電子白板功能、師生互動功能和學習評量功能。HiTeach 5 CC 可以與 IES 平台或其它支援整合的學習平台搭配使用，HiTeach 5 CC 與 IES 平台的整合應用（如圖 2-45）稱為「HiTeach 5 CC 課堂教學軟體（校園版）」。「HiTeach 5 CC 課堂教學軟體（校園版）」多了 IES 平台資源整合功能，包括學校課程名單和教材資源等之數

圖2-44　HiTeach 5 CC跨平台互動軟體

HiTeach CC校園版 = HiTeach CC + IES之整合應用

圖2-45　HiTeach 5 CC與IES平台的整合應用

據整合服務，在 IES 上選擇好課程名單、教材後，就會自動把這些資料帶到 HiTeach 5 CC 中，在課堂中使用起來就更為便利。此外，課堂教學的課堂記錄（歷程、電子筆記、Excel 匯總表、作品等）也會記錄到 IES，以利教師查閱與學生課後複習（網奕資訊，2022f）。

伍、科技支持服務（Technology support and service）

面對後疫情時期的教與學，科技如何提供有效又便利的支持與服務，是親師生共同關切的課題。回顧 COVID 19 疫情嚴重期間所造成停課的教學狀況，雖然教師端可以使用免費影片通信服務（例如 Google Meet、Discord 等），但教學是否良好有效？師生是否充分互動？學生是否專注投入？無論是現在或是未來，線下（實體面對面，offline）教學、線上教學（完全遠距，online）或是線上＋線下（O2O），實施以學生為中心的教學與學習方式，例如小組合作學習（TBL）、問題導向學習（PBL）、一對一學習（One to One），以及線上線下混成式學習（Online-Merge-Offline）等學習情境，需要建置適當的智慧型教室環境。以下面介紹三種建構環境，以及相應的課堂學習應用情境，包括生生用平板智慧教室、小組用平板智慧教室和線上線下混成式學習智慧教室。

一、生生用平板智慧教室

生生用平板智慧教室顧名思義就是學生端都配備有學習平板（或筆記本電腦）的智慧教室，主要軟硬體環境配備包含：

1. 教室電腦與大型電子白板觸控裝置（互動電子白板或觸控液晶電視）。
2. 每位學生一台平板電腦（簡稱為個人載具）。
3. 網路設備（包含所有行動載具對外連線的無線 AP）。
4. 以學生為中心之課堂教學軟體（可支持學生自帶載具 BYOD 或攜帶載具回家 THSD）。

以 HiTeach 5 課堂教學軟體為例，生生用平板智慧教室之配備與情境示意如圖 2-46，在生生用平板智慧教室的硬體環境配備下，運用 HiTeach 5 課堂教學軟體結合 Web IRS 學生端 App，支持以學生為中心的教學與學習方式，包括合作學習、多元評量（互動學習、任務學習和測驗學習）、教學決策和因材施教（差異化學習）等。

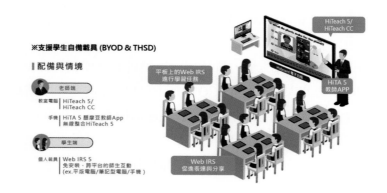

圖2-46　生生用平板教室之配備與情境示意圖

二、小組用平板智慧教室

　　小組用平板智慧教室主要有兩種功能，其一是硬體不能滿足所有學生都有平板時，可以每一小組配備一台平板電腦。其二是不需要所有學生都有平板電腦的教學與學習模式，例如 TBL 小組合作學習。小組端都配備有學習平板（或筆記本電腦）的智慧教室，主要軟硬體環境配備包含：

1. 教室電腦與大型電子白板觸控裝置（互動電子白板或觸控液晶電視）。
2. 每一小組一台平板電腦（簡稱為小組載具）。
3. 網路設備（包含所有行動載具對外連線的無線 AP）。
4. 支持 TBL 小組合作學習之課堂教學軟體。

　　以 HiTeach 5 課堂教學軟體為例，小組用平板智慧教室之配備與情境示意如圖 2-47，在小組用平板智慧教室的硬體環境配備下，運用 HiTeach 5 課堂教學軟體結合 HiGroup 小組端 App，支持以學生為中心的教學與學習方式，包括合作學習、多元評量（小組互動學習、小組任務學習和小組測驗學習）、教學決策和因材施教（小組差異化學習）等。

三、線上線下混成式學習智慧教室

　　疫情期間，視訊會議系統成為線上溝通工具，也同時催生遠距課堂混

圖2-47　小組用平板教室之配備與情境示意圖

成式教學新模式。遠距課堂與遠距會議不同，學生人數多、狀況多、難掌握，使得遠距課堂教學品質遠遠不如實體課堂，只能配合防疫需求勉強為之，同時教師們要付出更多心力補救學習落後學生。線上線下混成式智慧教室是因應疫情所需，快速發展成行的新一代智慧型學習教室。這是在學生端都配備有學習平板（或筆記型電腦）智慧教室環境下，增加視訊會議系統，主要軟硬體環境配備包含：

1. 教室電腦與大型電子白板觸控裝置（互動電子白板或觸控液晶電視）。
2. 每位學生一片平板電腦（簡稱為個人載具）。
3. 網路設備（包含所有行動載具對外連線的無線 AP）。
4. 視訊會議系統。
5. 支持線上線下混成學習之課堂教學軟體。

　　以 HiTeach 5 課堂教學軟體為例，線上線下混成式智慧教室之配備與情境示意如圖 2-48，在線上線下混成式智慧教室的硬體環境配備下，運用 HiTeach 5 教學軟體結合 Web IRS 學生端 App，支持線上線下混成的教學與學習方式，包括合作學習、多元評量（互動學習、任務學習和測驗學習）、教學決策和因材施教（差異化學習）等。

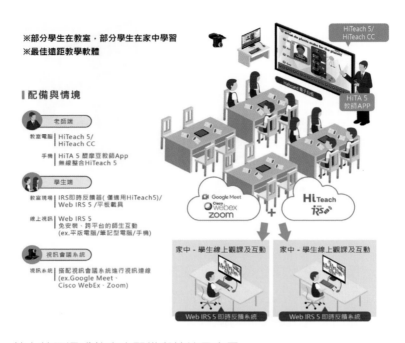

圖2-48 線上線下混成教室之配備與情境示意圖

　　智慧「教」與「學」係指透過雲端科技技術，實踐智慧的教與學。例如搭載雙 AI 引擎的智慧課堂教學軟體，整合電子白板、師生互動和學習評量等三大教學功能，充分支持包括互動學習、任務學習、多元評量、差異化學習的完整教學系統（張奕華、吳權威，2014）。而「智慧教與學」需要加上「智能化管理」、「智能化環境」才能建構智慧學校。

陸、即時學習評量（assEssment of learning）

　　十二年國教素養導向課綱理念特別強調素養導向學習評量，是達成有效教學的重要方法與策略。積極研究與推廣以學習評量工具來精確評估、回饋與引導課程與教學，賦予學習評量新功能，把學習評量過程或評量本身做為學習的一部分（assessment as Learning），並鼓勵課室採用多元化

學習評量，既要評量知識與技能，也要評量態度和行為，要重視學習成果，更要重視學習歷程。學習評量是學習活動關鍵環節，也是考驗教學團隊專業能力的重要指標。為了優化傳統學習評量工具，提高學習評量的效能，保存學習評量歷程數據，學習評量數位化是最可行的優化方向。期許借助學習評量數位化設計，善用教育科技（educational technology）設計出能更有效評估、回饋與引導教學的方法與策略，來促進學習評量的品質與效能，精確掌握學習情況、促進學習成果，輔助達成學習目標。以下針對「學習評量數位化架構分析」加以說明（吳權威，2021b），可以分為學習評量數位化類型、多元學習評量工具、數位化設計案例等三個部分：

一、三種學習評量數位化類型

　　形成性評量、總結性評量是我們熟悉的評量類型，近年來得力於學習科技蓬勃發展、智慧型教室普及應用，教育專家學者根據學習評量目的，把學習評量類型分為促進學習的評量、學習結果的評量、評量即學習三種（任宗浩，2019；吳璧純，2017；吳權威，2021b; 徐秀媞，2022；Baird, Andrich, Hopfenbeck, & Stobart, 2017; Bennett, 2011）。基於上述三種學習評量類型，學習評量數位化設計可朝向這種分類來規劃（如圖 2-49）：

㈠促進學習的評量（Assessment for Learning，簡稱 AFL）是一種形成性評量（課堂作業、課堂測驗、單元作業、單元測驗），教師使用評量方法與策略來獲取學生學習回饋，掌握學生學習情況與需求給予學生適當回饋，以及作為調整教學方法與策略的參考依據，進而幫助學生學習，加速達成學習目標。

㈡學習結果的評量（Assessment of Learning，簡稱 AOL）是一種總結性評量，在教學活動告一段落時，對學習結果的總體性評量，例如段考、期中考、期末考、畢業考、能力檢測等，評量內容包括學生學習成果、教學目標達成程度、教學方法適切性，以及課程效能等。

圖2-49　三種學習評量數位化類型

㈢評量即學習（Assessment as learning，簡稱 AAL），也可稱爲歷程性評
　量，是在學習活動中設計評量任務來引導學生學習，使學生爲了完成評
　量任務而願意自發地學習，以提升自我能力。除此之外，評量任務要能
　引發學生後設認知能力，使學生從評量任務中發現自己不足，自省和反
　思學習情況，進而激發更好的學習表現。簡言之，評量即學習就是以評
　量任務爲主要學習活動的教學設計。例如，智慧型教室就是一種比較容
　易實施 AAL 學習即評量的教學情境。

二、多元學習評量工具

　　多元學習評量強調非單一性、採多樣性，不是只有紙筆測驗，包括評
量內涵、評量方式、評量時機、評量情境、計分方式、評量人員和評量過
程等，能呈現出多元學習評量數據。常用學習評量工具，包括試卷評量、
作業評量、口試評量、實作評量、自評、互評、報告評量、發表評量、檔
案評量等（如圖 2-50）。學習評量數位化設計首先要能將前述學習評量工
具，透過適當的數位化設計提高學習評量效能，減輕學習評量工作負擔。

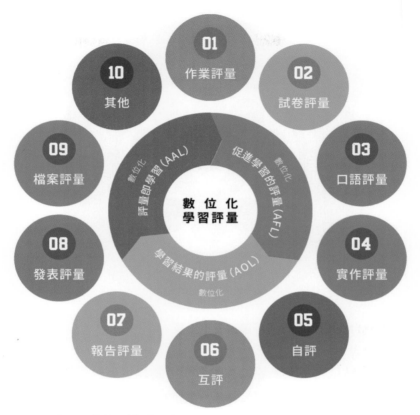

圖2-50　三種學習評量類型與多元工具

再進一步發展出具有數位轉型，甚至達到典範移轉價值的新一代學習評量工具（吳權威，2021b）。

三、數位化設計以TEAM Model為例

　　TEAM Model 智慧教育支持系統（以下簡稱為 TEAM Model 系統）是結合教學（e-Teaching）、評量（e-assEssing）、診斷（e-diAgnosing）及補救（e-reMediation）四個數位化學習環節需求所設計，能整合雲端與學習數據匯流的智慧型教學系統（如圖 2-51）。TEAM Model 系統教室端的主

圖2-51　TEAM Model系統學習評量數位化工具

要功能是提供數位化工具，協助教師教學活動以提高教學效能，協助教師實施學習評量快速掌握學生學習情況，協助教師產出學習情況診斷報告，最後協助教師進行補救教學活動，實現學習活動 T（教學）、E（評量）、A（診斷）、M（補救）之完整學習活動循環。依據前述促進學習的評量（AFL）、學習結果的評量（AOL）、評量即學習（AAL）三種類型評量目的，以及試卷評量、作業評量、口試評量、實作評量、自評、互評、報告評量、發表評量、檔案評量等多元評量工具需求，TEAM Model 系統之學習評量模組可分為教師端、學生端和雲平台 IES 等三部分，來完成數位化學習評量的設計與應用（吳權威，2021b）。

柒、科技精進教學（Refinement of teaching）

　　依據 Cambridge Dictionary 解釋，「refine」的定義是「透過微小的改變來改進想法、方法、系統等」（to improve an idea, method, system,

etc. by making small changes），其中文翻譯為「改進、完善、使精煉」
（Cambridge University Press, 2022），基此，教師宜透過科技來改進、完善
與精煉教學模式，以優化智慧教育之教師專業發展之智慧模式。TPC 模型
（如圖 2-52）是智慧教室創新教學模式（簡稱為智慧模式），是智慧教師
應用新技術（T）、新教法（P）和新教材（C），提煉高效能、可複製、
會擴散的智慧模式。例如 TBL 團隊合作學習模式、PBL 問題導向模式、
一對一學習模式等，提煉基於現代教育理念的智慧模式。應用 TPC 模型
提煉出智慧模式，就像智慧教師的技術模型，可以不斷練習精進（張奕
華、吳權威，2018）。

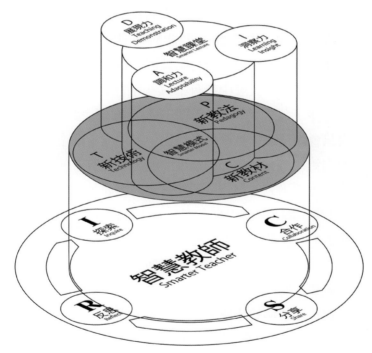

圖2-52　智慧模式的TPC模型

第二節　建構生生用平板學習環境

　　以下針對生生用平板學習環境之建構、生生用平板差異化教學之 HiTeach 5 組合應用加以說明。

壹、軟硬體建設與政策發展歷程

　　誠如第一章所述，回顧教育部所整理的校園資訊設備網路建設與數位學習發展歷程，可以看出政府在數位化環境硬體建設與教學應用投入已經進行相當多年，以目前整體社會環境對於數位化普及、成熟的情況來看，已達到可大規模應用到教學現場的時機。而過去平板電腦教學應用的實施經驗所面臨的問題包括：平板電腦價格過高、網路速度太慢、操作介面不夠人性化、拉大城鄉資訊差距、教材內容品質不均以及硬體管理維護加重教師負擔……等。回顧過去這 20 年資訊科技環境的變化，在「新一代教與學環境」發展之下，網路環境及行動裝置的普及，平板電腦的價格也到大眾可負擔的程度，許多人家中都有不只一片的平板電腦，且多媒體內容的呈現方式更進步，反倒可以透過網路來弭平城鄉差距。自 2020 年新冠疫情以來，視訊會議及遠端教學更是被世人所接受，線上線下混合式的教學也成為學習的新趨勢。至於硬體維護問題，現在有了便利的行動充電車兼具保管功能，也逐步完善報修及硬體維護。因此，在「推動中小學數位學習精進方案」中規劃「數位內容充實」、「行動載具與網路提升」及「教育大數據分析」3 項計畫，目標都是確保成熟的科技能有效進入教室教學環境，達成「教材更生動」、「書包更輕便」、「教學更多元」、「學習更有效」及「城鄉更均衡」5 大目標（如圖 2-53）。醍摩豆智慧教育支持系統團隊研究一對一理論與教學應用，從學術發表、研發產品到行銷全球，已經超過 20 年；而在行動學習研究領域也是全球第一個提出電子書包研究（2002 年）名詞與論文發表的團隊，多年來從理論與教學實踐中不斷對產品改版更新，目前最新的版本系列是 HiTeach 5（醍摩豆智慧教育研究院，2022a）。關於 HiTeach 5 智慧教學系統之簡介，請掃描圖 2-54。

圖2-53　推動中小學數位學習精進方案五大目標

圖2-54　HiTeach 5智慧教學系統之簡介

貳、智慧教學系統讓教材更生動

「數位內容充實計畫」主要爲數位內容開發及補助縣市學校採購數位內容及教學軟體，以學生願意讀、感興趣、易理解，可學習到教材中的知識爲前提，讓教材更生動、教學更多元。教材應用在課前、課中、課後展

現方式會有所不同，在課堂上（課中），著重在教師的引導，促進學生的思考、討論與表達，教學軟體如何有效與數位內容搭配應用就顯得特別重要。因此，在數位內容與教學應用搭配上，教學軟體必須能夠支持以下三個重點：

一、任何畫面隨時可書寫

在教師採用數位內容教學的過程中，「隨時可書寫」的意思就是教師想寫就寫，HiTeach 5 智慧教學軟體隨時有個筆型圖示，讓教師不管在介紹任何多媒體內容時，按下這個筆就能夠書寫、劃記（如圖 2-55）。

圖2-55　任何畫面隨時可書寫

二、操作多媒體教材一邊書寫

多媒體數位內容在呈現上可能是電子書、動畫、影片或需要連續操作才能具體傳達內容的軟體，因此，教學軟體就需要一邊操作多媒體教材內容又可書寫說明，HiTeach 5 的螢幕批註功能，就是能夠與這類型教材深度融合，讓教師一邊操作、一邊書寫、隨時提問、即時匯集學生反饋數據，最後還可保留筆記（如圖 2-56）。

圖2-56　操作多媒體教材一邊書寫

三、不用預設隨時提問與反饋

　　為了減輕教師的備課負擔，教學軟體必須支持教師隨時提問與學生即時反饋。HiTeach 5 在任何多媒體內容操作時，提供 IRS 即問即答的功能，教師按下按鈕之後，學生平板上就會自動跟隨顯示回答頁面，可立即回應；教師收到學生反饋後，可以立即統計、分析、透過數據進行教學決策。此種直覺的應用讓數位內容的展現方式更加生動，對比許多時下類似的即時回饋軟體，都要事先準備問題或者發問前需要事先設定，Hi Teach 5 可以省事許多（如圖 2-57）。

圖2-57　不用預設隨時提問與反饋

參、數位內容與教學軟體讓教學更多元

　　為能促進「學習共同體、TBL 團隊合作學習、PBL、探究式學習、學思達、閱讀理解教學、翻轉課堂」等教學型態的順利進行，需要數位內容與教學軟體的支持，尤其是具有「雙 AI 加持」的智慧教學系統，可以讓生生用平板教學更省力（請掃描圖 2-58）。以下列舉 HiTeach 5 教學系統之八項功能重點，讓教學更多元。

圖2-58　雙AI加持生生用平板教學更省力影片

一、即時推送內容

　　HiTeach 5 的推送功能包括頁面或檔案，在教學過程中不管是把內容推到平板供學生參考，或者依據內容執行任務，皆為簡單就能達到的應用（如圖 2-59）。

二、互動與數據決策

　　平板是學生反饋想法最好的載具，教師在教學設計上針對準備好的問題，或者課堂當下臨時決定讓學生反饋的問題，都可以透過 HiTeach 5 的強大互動工具來實施。問題的類型包括單選、複選、是非、文字型問題（例如填充題、意見蒐集），或是搶權回答等，都可以立即蒐集到所有學

圖2-59　即時推送內容

生的反饋數據（即時統計），讓教師進行智慧挑人（如圖 2-60）。詳細之
「數據互動之統計圖表與教學決策」內容，請掃描圖 2-61 之說明。

圖2-60　互動與數據決策

三、多元實作任務

在素養導向教學中，學生的實作任務是重要的環節。教師端 HiTeach
5 可以隨時啟動同步任務（作品收集功能），讓教材任務自動同步到學生
端 Web IRS 5 上。全班學生在完成與遞交任務過程中，教師端作品收集視
窗可以充分掌握每一小組或每一位學生的完成進度，依據時序、座號與分

圖2-61　數據互動之統計圖表與教學決策

組等挑選作品進行觀摩、比較、互評、表揚、批註、解說或分享等活動
（如圖 2-62）。

圖2-62　多元的實作任務

　　當教師端切換教材任務時，學生端之任務跟隨功能，會與教師端任務
頁面同步，接續該項學習任務的操作。此外，教師端啟動同步任務時，可
以選擇遞交作品型態，例如任務畫板（圖片）、錄音、錄影、文字或多媒
體檔案（PPT、Excel⋯⋯ ）等，充分支持生生用平板課堂之學習與練習
活動。詳細之「同步任務介紹」，請掃描圖 2-63 之說明。

圖2-63　同步任務介紹

四、差異化任務

　　學生有平板後差異化學習就更容易進行了，利用 HiTeach 5 的互動與任務功能，就能讓學生們分別執行不同的任務，達到免備課、高互動的課堂效果（如圖2-64）。詳細之「差異化任務介紹」，請掃描圖2-65之說明。

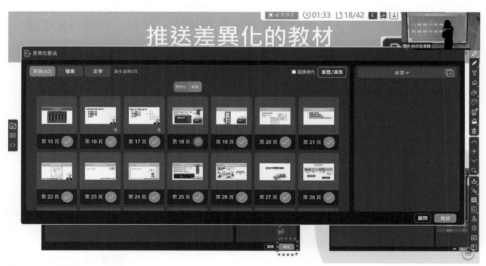

圖2-64　差異化任務

圖2-65　差異化任務介紹

五、深度追問與回應

　　學生的反饋資訊應該要能夠讓教師深入了解學生作答背後的過程，HiTeach 5 的同步追問功能可以同步看見更多學生的思考歷程，進而創造思考轉變。在 HiTeach 5 中，用數據串連教學新模組，「同步互動」模組＋「同步任務」模組，很容易就可以營造同步追問的課堂情境。使用同步互動模組的單選題、複選題、是非題、填充題等功能，可以快速收集所有學生的反饋數據，接著教師再使用同步任務模組，請學生根據反饋數據，回答原因、理由或解題過程等，同步反饋教師的追問（如圖 2-66）。詳細

教師端(HiTeach)　　　　　　　　　學生端(Web IRS)

圖2-66　深度追問與回應

之「深度追問介紹」，請掃描圖 2-67 之說明。

圖2-67　深度追問介紹

六、隨堂測驗

　　測驗是總結學習成果，知強補弱的好方法，過往主要以紙本測驗為主，流程繁複、費時。現在，教師同樣用紙本試卷或者預先在 IES 雲端建立的試卷，在教室裡利用 HiTeach 5 的測驗模式功能，學生即可透過 Web IRS 進行作答。測驗完 HiTeach 5 即時顯示視覺化的成績報告，讓教師進行互動評講，而這些數據也會在雲端形成作答記錄，不管對教師掌握學情或學生自我系統性補救學習，都帶來極大的幫助（如圖 2-68）。詳細之「素

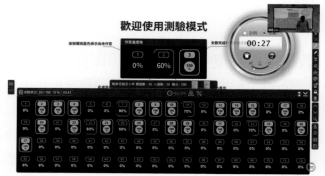

圖2-68　隨堂測驗

養導向學習評量數位化應用舉例」，請掃描圖 2-69 之說明。

圖2-69　素養導向學習評量數位化應用舉例

七、線上、現場（線下）教學通用

　　因應防疫不停學，教師端 HiTeach 5 與學生平板的 Web IRS 應用在全員線上視訊教學，以及部分學生在教室（in-person classes）「實體教學」，部分學生在線上（online learning）之分流到校線上線下（現場）混合課堂模式（hybrid learning model），所有教學功能皆可支持，讓師生即使全員線上教學，也能夠以非常接近線下課堂的教學型態，確實保障教學品質與效能（如圖 2-70）。詳細之「遠距混合學習智慧教室」，請掃描圖 2-71 之說明。

八、多合一教學模組高度整合、降低障礙HiTeach 5

　　一堂 40 分鐘的課堂時間很寶貴，前述各項教學模組所提供的功能都是在一套系統裡面，是一個完全整合的應用。對比拼裝式的軟體組合，教師需要學習多套軟體，還要忙於切換，更麻煩的是各個軟體之間的學生資料、歷程資料等可能都是分散的，需要個別建立與管理的，對教師而言將

圖2-70　線上、現場（線下）教學通用

圖2-71　遠距混合學習智慧教室

會是一大挑戰。高度整合、高效與門檻低、數據整合的教學模組，將會是關係到應用成果的重要因素（如圖 2-72）。

九、多元評量工具

　　透過數位化工具更容易實施素養導向多元評量，能整合紙筆測驗，讓評量的內涵、形式、時機及計分方式等更為多元、便捷及高效。

圖2-72　多合一教學模組高度整合降低障礙

㈠多元評量題型

　　HiTeach 5 之多元評量教學模組可以應用於各類多媒體學習評量，前面有提到隨堂測驗的應用，這裡再列舉七種常用的多元評量題型，包括單選題型、複選題型、是非題型、文字題型、圖片題型、錄音題型和檔案題型等。教師將評量教材準備好，就可以使用 HiTeach 5 的多元評量模組，進行多元評量活動（如圖 2-73）。

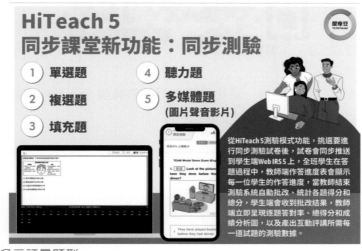

圖2-73　多元評量題型

㈡多元評量記分工具

　　使用 HiTeach 5 數位化學習評量工具可以自動記錄學習評量歷程數據，累計提問互動積分、測驗得分等，也可以在課堂中隨時使用小組記分板記錄小組得分。教師亦可開啓學習表現視窗，爲個人學習表現記分，或在數據互動過程中，根據數據表現圖表來記分（如圖 2-74）。

圖2-74　多元評量記分工具

㈢堂課全班學習表現摘要

　　在數位化多元評量課堂結束後，會自動記錄全班課堂學習表現數據，包括小組合作、學習任務、提問互動和同步測驗等多元評量學習表現。下課鐘響時，全班課堂之多元評量學習表現成績就能計算完成，自動化的全班學習表現摘要表（如圖 2-75）內容說明如下：

1. 出席簽到：統計課堂出勤差假表現。
2. 小組加分：統計課堂分組加分表現。
3. 課堂互動：統計課堂互動得分表現。
4. 任務作業：統計課堂任務完成表現。
5. 評量測驗：統計課堂測驗成績表現。

圖2-75　堂課全班學習表現摘要

㈣ 用數據輔助學習落後學生

　　數位多元評量工具所帶來的效益之一就是數據決策，可以藉此建立學生的增能及支持系統，運用科技輔助學習落後學生，HiTeach 5 與 IES 雲端平台的搭配應用，將可協助教師做好更精準的輔導策略。藉由「學習歷程回顧與複習」，生生用平板的情境可延伸擴大數位學習場域，將課堂學習延伸到課前與課後。例如翻轉課堂教學所需要的課前自學，或者教師布置的課前任務，就可以透過平板上的 AClass ONE 智慧學伴來進行。課堂自動結算的學習表現數據，也會自動上傳雲平台 IES，幫助教師進一步佈署更多自動化學習活動，例如查閱學習歷程、線上作業、線上評量、錯題複習、策略複習、精準複習等（如圖 2-76）。

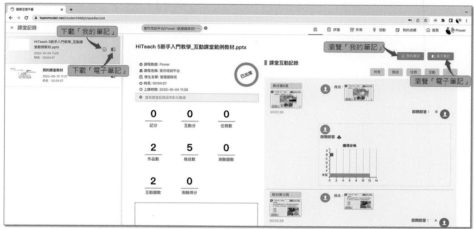

圖2-76　用數據輔助學習落後學生

第三章
生生用平板之教學方法及應用案例

　　美國全國考試權威機構「國家教育進步評估」（National Assessment of Educational Progress, NAEP）於 2022 年 10 月 24 日公布一份「全國成績單」（Nation's Report Card），數據顯示疫情衍生的各種現象，例如學校關閉、實體課程改為線上教學、學生生理與心理健康狀況受影響，皆導致學生學習狀況惡化（轉角國際，2022）。自 1990 年初步評估以來，NAEP 數學在 4 年級（如圖 3-1 上方曲線圖）和 8 年級（如圖 3-2 上方曲線圖）的分數下降幅度最大。與 2019 年相比，4 年級（如圖 3-1 下方曲線圖）和 8 年級（如圖 3-2 下方曲線圖）的 NAEP 閱讀分數下降。哈佛大學教授 Martin West 分析了 2019 年至 2022 年八年級數學考試成績下降與 2021-22 學年遠距教學流行率之間的關係，Martin West 發現兩者是負相關（統計

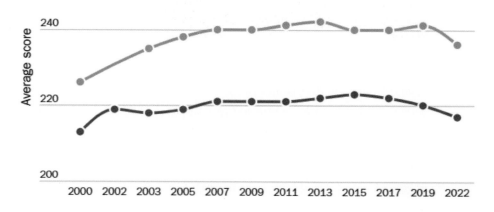

圖3-1　四年級NAEP閱讀和數學平均分數的趨勢

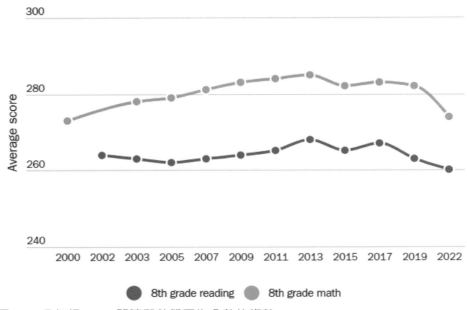

Trend in eighth-grade NAEP reading and math average scores

圖3-2　八年級NAEP閱讀和數學平均分數的趨勢

學上達顯著差異），此舉說明學生平均在遠距教學更普遍的地方失去了更多的優勢——但這種相關的力量相對較弱。Martin West 估計，州考試成績變化下降的不到 10% 可以用遠端教學來解釋（Hroncich, 2022）。檢視上述美國之狀況，可以了解到新冠疫情嚴重衝擊美國中小學生在閱讀和數學成績造成雪崩式下降，而如何復原到疫情之前應有的水平，考驗教育領導者的智慧。由此對應到我國教育部所推行的《推動中小學數位學習精進方案》，即是為了因應後疫情時代的教育趨勢，呼應國際數位學習趨勢，以「偏鄉學校數位優先」，建置完善數位教室，提供優質適性學習環境，培養學生自主學習能力，縮減城鄉數位教育落差（潘文忠，2022）。換言之，教育部在經歷疫情期間加速數位教學推動，透過數位學習達成「教材更生動」、「書包更輕便」、「教學更多元」、「學習更有效」、「城鄉更均

衡」5 大目標（教育部，2022c）。

　　有鑑於 1：1 科技（例如：筆記型電腦）的實施是幫助學生取得更高學業成就所需的催化劑，也可能是影響學生學業成績和上學動機的一個因素；雖然科技並不是提高考試成績和學生出勤記錄的唯一因素，但在某些情況下科技似乎產生了影響以獲得更高的分數。值此學校目前面臨科技轉變，教師需要獲得更多的專業發展，以磨練他們新獲得的教學方法。亦即教師必須繼續成為學習者，以產生最好的教學方法並介紹適用於他們課堂的科技及其特定需求學生（Harris, Al-Bataineh, & Al-Bataineh, 2016）。承上所述，當教師在進行生生用平板教學時，必須在實施之前、期間和之後進行專業發展和團隊合作，才能獲得新的教學技能以利在課堂上呈現最好的教學方法。

　　所謂工欲善其事必先利其器，教師在使用生生用平板之教學方法上，可以採用 HiTeach 5 實施素養導向生生用平板之智慧課堂的十個 DNA 如下：合作學習（造情境）、多元評量（互動學習、任務學習、測驗學習）、教學決策（用數據，參見第四章第二節，第 115 頁）、因材施教（差異化學習，參見第二章第一節，第 37 頁）（如圖 3-3），茲說明如下：

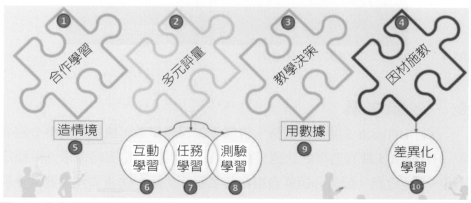

圖3-3　生生用平板之教學方法

第一節　合作學習

　　HiTeach 5 是實施 TBL 團隊合作學習的數位化工具，為了協助每一堂課的不同分組策略，HiTeach 5 加強了快速分組工具，協助教師隨時調整合作學習策略，TBL 之配置圖如圖 3-4 所示（吳權威，2022b）。

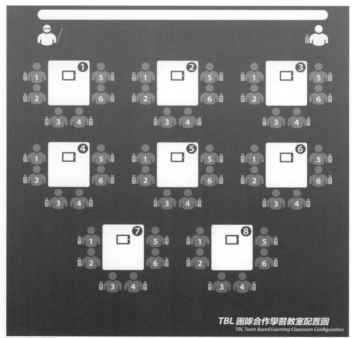

圖3-4　TBL團隊合作學習教室配置圖

壹、分組工具

　　執行 HiTeach 5 開始課堂鈕，會顯示課程名單並可檢視與調整分組名單。HiTeach 5 課程名單的快速分組工具，可根據分組策略需求使用順序分組、S 型分組、隨機分組或自由拖移名單等功能，快速調整為適當分組名單（如圖 3-5）。

HiTeach 5分組工具

HiTeach課程名單的分組工具，可根據分組策略需求，使用**順序分組、S型分組、隨機分組、或自由拖移名單**等功能，快速調整為適當分組名單。

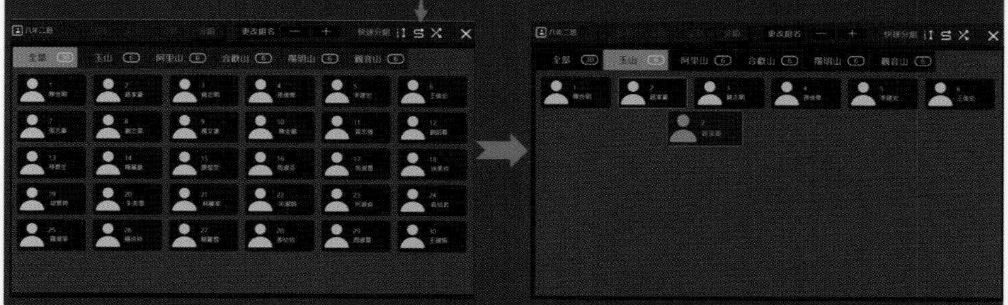

圖3-5　HiTeach 5分組工具

貳、分組類型

依據分組合作學習策略需求，可概分為五種分組類型：

㈠異質分組：教師主導，S型分組（例如：能力、性別、個性）。

㈡同質分組：教師主導，能力、興趣或相同選擇。

㈢隨機分組：教師主導，抽籤或就現場位置安排。

㈣座號分組：教師主導，依照班級座號順序。

㈤自由選組：學生自主，選秀、教師局部介入。

參、分組策略要點

進行分組合作學習活動實施分組策略時，有以下考量要點：

㈠人數：兩人、四人、多人（學生合作技巧要高些）。

㈡維持時間：每次換？幾週換？整學期不換。

㈢認同與命名：共同命名創造組內認同感。

㈣孤立學生處理：找最有愛心或最受歡迎的同學同組。

㈤縮短重新分組時間：多點機會和不同人相處。

㈥角色安排：

1.組長、資料長（電腦長）、記錄長、檢查長。

2.角色說明。

3.輪流不同角色。

㈦空間與動線安排：

1.小組間隔：便利教師巡查與學生出列，減少小組間干擾。

2.組員能面對面近距離互動，盡量等距。

3.能一起面對教師所在位置。

4.共同空間。

5.輪轉大風吹。

肆、分組策略實作

分組策略實作之範例，請參考圖 3-6 之實作練習分組策略設計。

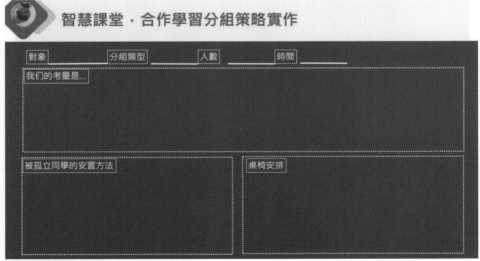

圖3-6　分組策略實作任務

第二節　多元評量

　　本節次針對互動學習、任務學習以及測驗學習加以說明（吳權威，2021c、2021d；網奕資訊，2021b）：

壹、互動學習

　　不管是實體教室或線上教學，師生互動的教學設計都很重要。特別是新冠疫情期間，從實體課堂轉到線上課，師生互動更顯得重要了，但實際上是師生互動變得困難重重。雖然視訊會議系統聊天可以傳訊息，但是教師要兼顧教材和訊息並不容易，此外，要掌握每一個人的學習狀態也很困難。利用同步互動功能就可以突破線上課堂的互動困境，實體課堂也能獲得更多元的實踐方式。在現場教學或遠距視訊會議系統的基礎上，結合教學系統 HiTeach 5 同步互動新功能，就可以隨時隨地執行推送提問、同步反饋、即時統計、數據運用等高效能的同步互動模式，充分掌握線上每一位學生的學習狀態。

　　HiTeach 5 同步互動功能，包括單選題（如圖 3-7）、複選題（如圖 3-8）、是非題（如圖 3-9）、填充題（如圖 3-10）和搶權（如圖 3-11）等五種互動型態，教師端與學生端之同步互動頁面變化，請如圖 3-7～圖 3-11 之說明。這些是教師在課堂中熟悉的教學提問策略，只要按下功能按鈕，系統就會啟動相應運作功能，引導學生選擇答案或回答問題，同時也會在教師端自動接收全班學生反饋數據。當教師按下統計圖表或翻牌鈕時，就會呈現各式反饋數據，藉此再根據數據進一步討論或追問。

一、單選題

　　教師端準備好教材，例如黑板畫面、PPT 頁面、網頁，或使用 HiTeach 5 準備好的頁面後，選擇教學工具區（右邊）的同步互動鈕，再選擇單選題鈕（如圖 3-7），就會自動將頁面推送到學生端的 Web IRS 中。而在教師端數據互動區，可以隨時查看每一位學生的答題情況（已經回答

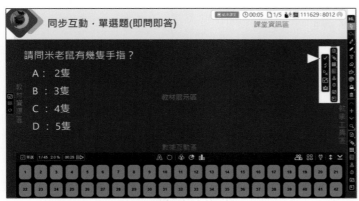

教師端(HiTeach)　　　　　　　學生端(Web IRS)

圖3-7　同步互動—單選題

者顯示為紅色）。學生完成反饋後，教師只要按下數據互動區各式按鈕（設定答案、二次作答、翻牌、圓餅圖、長條圖等按鈕），就會自動呈現相應的數據分析圖表。

二、複選題

　　教師端準備好教材，例如黑板畫面、PPT 頁面、網頁，或使用 HiTeach 5 準備好的頁面後，選擇教學工具區（右邊）的同步互動鈕，再選擇複選題鈕（如圖 3-8），就會自動將頁面推送到學生端的 Web IRS 中，而在教師端數據互動區，可以隨時查看每一位學生的答題情況（已經回答者顯示為紅色）。學生完成反饋後，教師只要按下數據互動區各式按鈕（設定答案、二次作答、翻牌、圓餅圖、長條圖等按鈕），就會自動呈現相應的數據分析圖表。

三、是非題

　　教師端準備好教材，例如黑板畫面、PPT 頁面、網頁，或使用 HiTeach 5 準備好的頁面後，選擇教學工具區（右邊）的同步互動鈕，再選擇是非題鈕（如圖 3-9），就會自動將頁面推送到學生端的 Web IRS 中，

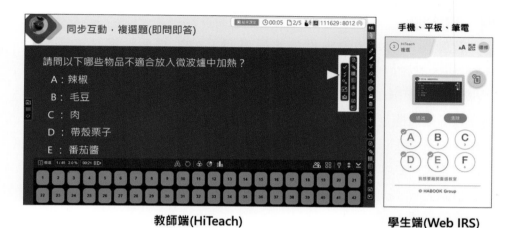

教師端(HiTeach)　　　　　　　學生端(Web IRS)

圖3-8　同步互動一複選題

教師端(HiTeach)　　　　　　　學生端(Web IRS)

圖3-9　同步互動一是非題

而在教師端數據互動區，可以隨時查看每一位學生的答題情況（已經回答者顯示為紅色）。學生完成反饋後，教師只要按下數據互動區各式按鈕（設定答案、二次作答、翻牌、圓餅圖、長條圖等按鈕），就會自動呈現相應的數據分析圖表。

四、填空題

　　教師端準備好教材，例如黑板畫面、PPT頁面、網頁，或使用HiTeach 5準備好的頁面後，選擇教學工具區（右邊）的同步互動鈕，再選擇填充題鈕（如圖3-10），就會自動將頁面推送到學生端的Web IRS中，而在教師端數據互動區，可以隨時查看每一位學生的答題情況（已經回答者顯示為紅色）。學生完成反饋後，教師只要按下數據互動區各式按鈕（設定答案、二次作答、翻牌、圓餅圖等按鈕），就會自動呈現相應的數據分析圖表。

教師端(HiTeach)　　　　學生端(Web IRS)

圖3-10　同步互動─填空題

五、搶權題

　　教師端準備好教材，例如黑板畫面、PPT頁面、網頁，或使用HiTeach 5準備好的頁面後，選擇教學工具區（右邊）的同步互動鈕，再選擇搶權題鈕（如圖3-11），就會自動將頁面推送到學生端的Web IRS中。當教師按下搶權鈕數據互動區，學生端就可以按鈴搶答，數據反饋區會自動顯示最快按鈕的學生。

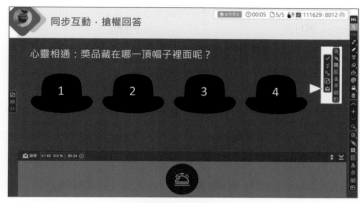

教師端(HiTeach)　　　　　　　　**學生端(Web IRS)**

圖3-11　同步互動—搶權回答

貳、任務學習

　　同步課堂也可稱爲線上同步學習，是在視訊會議環境下進行的課堂教學活動，藉由同步影音和數據傳輸技術，支持同步課堂所需之數據互動型態，以提升同步課堂的品質與效能。學生可隨著教師的指令與任務指派，進行任務學習（如圖 3-12 之示意圖）。有哪些數據互動技術可以有效提升

圖3-12　任務學習示意圖

同步課堂的學習品質和效能呢？以下介紹 HiTeach 5 同步課堂功能：同步任務學習。

一、同步任務定義

同步任務是結合數師端 HiTeach 5 與學生端 Web IRS 5 的全新任務功能，教師端準備好教材（簡報、試題或多媒體內容），按下開始課堂鈕之後，可以隨時啓動同步任務（作品收集功能），教師端的教材任務會自動同步到學生端 Web IRS 5 App 上，全班學生在完成與遞交任務過程中，教師端作品收集視窗可以充分掌握每一小組或每一位學生的完成進度，依據時序、座號與分組等挑選作品進行觀摩、比較、互評、表揚、批註、解說或分享等活動。

二、任務跟隨

當教師端切換教材任務時，學生端之任務跟隨功能，會與教師端任務頁面同步，接續該項學習任務的新操作。

三、任務歷程瀏覽

教師端可依據任務特性開啓或關閉每一項任務的遞交開關，尚未關閉的學習任務，學生端可以使用任務歷程瀏覽功能，查看任務歷程、遞交後來才完成的作品，或更新作品。

四、多元任務型態

教師端啓動同步任務時可以選擇遞交作品型態，例如任務畫板（圖片）、錄音、錄影、文字或多媒體檔案（PPT、Excel...）等，充分支持同步課堂之學習與練習活動。

五、作品收集功能範例

　　教師端準備好教材例如黑板畫面、PPT 頁面、網頁或使用 HiTeach 5 準備好的同步任務頁面後，選擇教學工具區（右邊）的同步任務鈕，再選擇圖檔鈕，就會自動將頁面推送到學生端的 Web IRS 中，學生依指示完成圖檔任務並選擇傳送鈕。在教師端作品收集視窗，可以隨時檢視每一位學生的圖檔／音檔／檔案的任務完成情況，並可挑選作品進行作品評價與分享。例如，圖檔類作品收集（如圖 3-13）、聲音類作品收集（如圖 3-14）、檔案類作品收集（如圖 3-15）。

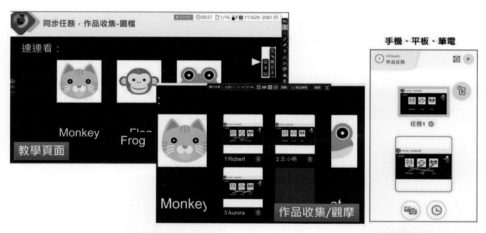

教師端(HiTeach)　　　　　　　　　　　　　**學生端(Web IRS)**

圖3-13　同步任務、作品收集—圖檔類

參、測驗學習

　　因應停課不停學催生許多線上學習模式，例如線上同步課堂、線上非同步課堂、結合同步與非同步的線上混合課堂等。其中，線上同步課堂是難度最高，最具挑戰性的線上課堂模式，但也是最接近線下課堂教學型態，比較能保障教學品質與效能的模式。所謂工欲善其事，必先利其器，同步課堂需要哪些技術支持，才能省力、有趣又有效呢？有哪些數據互動

圖3-14 同步任務、作品收集—聲音類

圖3-15 同步任務、作品收集—檔案類

技術，可以有效提升同步課堂的學習品質和效能呢？以下介紹 HiTeach 5 同步課堂新功能：同步測驗。

一、同步測驗

　　同步測驗是應用師端 HiTeach 5 測驗模式功能與學生端 Web IRS 5 的新功能。教師端按下開始課堂鈕之後，可以隨時啟動測驗模式，從試卷庫中挑選要進行同步測驗試卷後，試卷會同步推送到學生端 Web IRS 5 App上，全班學生在答題過程中，教師端作答進度表會顯示每一位學生的作答進度，當教師端按下結束測驗鈕，HiTeach 5 會自動批改、統計包括單選題、複選題、是非題、填充題和題組等各題得分和總分，學生端會收到批改結果，教師端立即呈現逐題答對率、學生總得分和成績分析圖，以及產出互動評講所需每一道試題的測驗數據。

二、多元試題

　　同步測驗的試題是教師事先把準備好的試卷（Word、Excel）上傳到醍摩豆雲平台試卷庫中，轉換成為適用於智慧教室評量、線上自主評量和卷卡合一評量等三種應用場景所需的系統試卷。試題型態包括單選題、複選題、是非題、填充題和題組（如圖 3-16），而試題可包含文本、圖片、聲音和影片等多媒體素材。

圖3-16　多種測驗題型

三、互動評講

互動評講是測驗模式所產生的互動頁面，包括每一題的試題內容、作答數據、圓餅圖、長條圖等，教師可以快速瀏覽統計數據、試題難易，以挑選需要評講的試題頁面，進行互動教學，包括智慧挑人、小組統計圖、翻牌，或進行差異化推送教材等，是非常高效率的試卷複習活動。

四、學情分析

同步測驗結束後，HiTeach 5 會自動將所有測驗數據傳送到醍摩豆雲平台的博拉圖學情分析系統中，教師可以查閱試題分析、成績分析、診斷分析和補救規劃等，充分掌握分科、全科、學年、歷次等多種有助於了解學情分析的數據與圖表。

第二篇

智慧評量與診斷分析

評量數據與學習表現分析

　　在素養導向教學的學習評量中，形成性評量指的是教師透過學生學習歷程的各種表現對其學習所進行的評估，而總結性評量則在於評量學生的學習表現是否達成預期的目標。形成性評量的目的在於關心與了解學生學習進展的情形，協助學生克服困難或引發其進一步學習。總結性評量的目的則在評斷學生的學習成效，需要對應到學習目標，而在教學實踐時，教師應掌握學生達成表現目標的情形，並據此修正或調整教學活動，或是更改學習目標，並進行對應的總結性評量活動與內涵。由於素養導向的評量活動與學生的各種學習活動相呼應，因此，無論形成性或總結性評量，教師可採用多元的評量方式，諸如行為或技能檢核表、情意或態度評量表、教室觀察記錄、參觀報告、圖文日記以及各種發表活動、表演活動，或採用歷程檔案評量等（吳璧純，2017）。由此對應到生生用平板的教學評量，Bebell 和 Kay（2010）在其《生生用電腦：Berkshire 無線網路學習計劃的量化結果摘要》（One to One Computing: A Summary of the Quantitative Results from the "Berkshire Wireless Learning Initiative", BWLI）詳細說明了提供學生和教師筆記型電腦、無線網路學習環境和其它科技資源時，在教學和學習上產生改變。Bebell 等人發現，使用筆記型電腦（laptops）完成寫作評量（writing assessment）的七年級學生平均寫出了 388 個單詞，而使用紙本型態（paper/pencil）評量的七年級學生平均寫出了 302 個單詞。前揭顯示，學生使用筆記型電腦進行寫作評量的表現，優於傳統紙本評量方式，此舉說明了筆記型電腦在評量上的優勢。有鑑於此，我國在實施生生用平板政策上，應該如何進行評量數據與學習表現分析、智慧化教

學與智慧評量、智慧化診斷與智慧補救？實際上之智慧評量與診斷應用案例為何？將於本篇加以說明。

第一節　智慧教室評量數據與統計圖表

　　本節次主要說明反饋數據之應用、反饋數據之功能按鈕、統計圖表型（吳權威，2022c），說明如下：

一、反饋數據之應用

　　「凡評量必產生數據，數據就是學生學習表現的反饋」。相對於傳統課堂舉手反饋，在生生用平板智慧教室裡，師生互動型態改變，學生端可以同步反饋數據，隨時會生成大量師生互動數據。HiTeach 5 數據互動區是處理師生互動數據的工作區，應用數據互動區之統計圖表可以促進師生互動之品質與效能，擴大關注範圍；而教師善用互動數據於教學決策上，更能精確的掌握每一個小組和個人學習表現。課堂即時數據決策能力是導入生生用平板時最需要協助教師增能的部分，也是幫助教師從傳統課堂，數位轉型到智慧課堂的數位化教學關鍵能力。在智慧課堂中，設計互動、任務、測驗等提問活動時，要關注所產生之有效互動數據促進有效教學決策，如圖 4-1 之有效循環。換言之，有效數據來自於有效提問（或評量），有助於教師進行有效教學決策。

圖4-1　提問、數據與決策之有效循環

二、反饋數據之功能按鈕

當使用 HiTeach 5 發起互動活動，學生利用 Web IRS（或者實體遙控器的 IRS 反饋裝置）進行即時反饋後，「數據互動區」之功能按鈕和顯示狀態如圖 4-2，包括 1. 設定答案、2. 重新作答、3. 翻牌、4. 圓餅圖、5. 長條圖、6. 作答狀態和 7. 排列方式等。

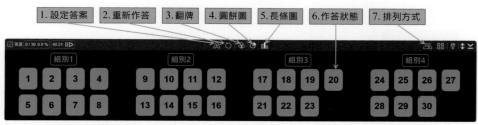

圖4-2　數據互動區

上述功能按鈕（如圖 4-2）之組合應用和教學決策應用關係如圖 4-3，說明如下：

1. 設定答案功能：尚未設定答案時，長條圖顯示為多種顏色，已經設定答案時，長條圖顯示為綠色＋紅色，綠色代表正確答案，紅色代表錯誤答案。

2. 重新作答功能：可選擇清除記錄或保存記錄，保存記錄時可呈現多次互動數據之比較圖表。

3. 翻牌功能：分為依照座號、依照分組和依照選項等三種排列方式。

4. 圓餅圖功能：分為答對率圓餅圖和分組答對率圓餅圖。

5. 長條圖功能：分為垂直長條圖、分組堆疊圖、分組垂直長條圖、分組答對率長條圖等四種呈現方式，其中垂直長條圖可顯示變更作答長條圖。

6. 作答狀態：尚未輸入答案的學生編號顯示為藍色，已經輸入答案的編號顯示為紅色。

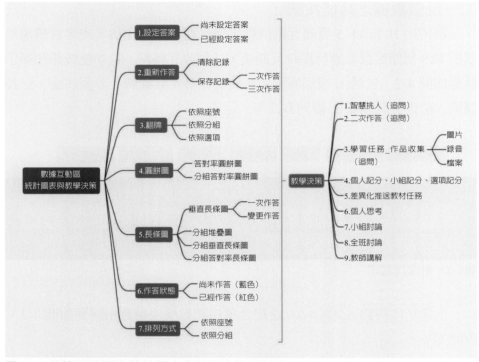

圖4-3　數據互動區之統計圖表與教學決策關係圖

7.排列方式功能：設定分組的課程名單，可以選擇依照座號排列或依照
　分組排列。

　　上述功能之數據互動組合應用產生不同類型統計圖表，可以作為課堂
教學決策的工具，例如智慧挑人、二次作答、布置學習任務、記分、挑送
教材、進行個人思考、小組討論、全班討論、教師講解等。

三、統計圖表類型

　　依據圖 4-3 數據互動區之統計圖表與教學決策關係圖，相關之統計圖
表類型畫面整理如下，以利查看與選擇應用。

(一)學生號碼排列方式（如圖4-4）

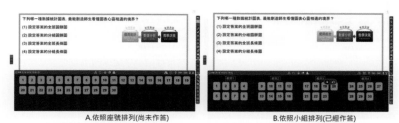

A.依照座號排列(尚未作答)　　　　　　　　　　B.依照小組排列(已經作答)

圖4-4　學生號碼排列方式A、B

(二)垂直長條圖（如圖4-5）

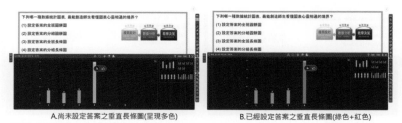

A.尚未設定答案之垂直長條圖(呈現多色)　　　　B.已經設定答案之垂直長條圖(綠色+紅色)

圖4-5　垂直長條圖A、B

(三)分組堆疊圖（如圖4-6）

圖4-6　分組堆疊圖

㈣ 分組垂直長條圖（如圖4-7）

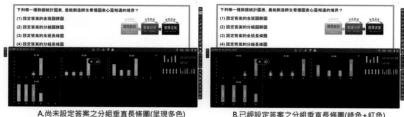

A.尚未設定答案之分組垂直長條圖(呈現多色)　　B.已經設定答案之分組垂直長條圖(綠色＋紅色)

圖4-7　分組垂直長條圖A、B

㈤ 分組答對率長條圖（如圖4-8）

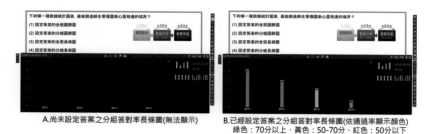

A.尚未設定答案之分組答對率長條圖(無法顯示)　　B.已經設定答案之分組答對率長條圖(依通過率顯示顏色)
綠色：70分以上、黃色：50-70分、紅色：50分以下

圖4-8　分組答對率長條圖A、B

㈥ 答對率圓餅圖（如圖4-9）

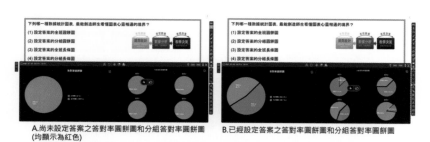

A.尚未設定答案之答對率圓餅圖和分組答對率圓餅圖　　B.已經設定答案之答對率圓餅圖和分組答對率圓餅圖
(均顯示為紅色)

圖4-9　答對率圓餅圖與分組答對率圓餅圖A、B

(七) 依照座號翻牌（如圖4-10）

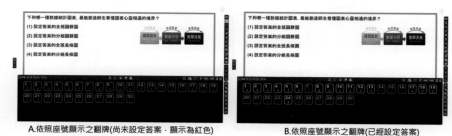

A.依照座號顯示之翻牌(尚未設定答案，顯示為紅色)　B.依照座號顯示之翻牌(已經設定答案)

圖4-10　依照座號翻牌

(八) 依照分組翻牌（如圖4-11）

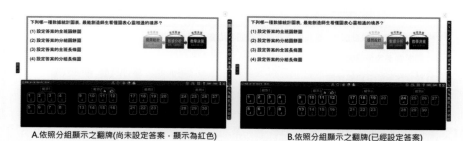

A.依照分組顯示之翻牌(尚未設定答案，顯示為紅色)　B.依照分組顯示之翻牌(已經設定答案)

圖4-11　依照分組翻牌

(九) 依照選項翻牌（如圖4-12）

A.依照選項顯示之翻牌(尚未設定答案，顯示為紅色)　B.依照選項顯示之翻牌(已經設定答案)

圖4-12　依照選項翻牌

㈩二次作答[1]：依照分組顯示之翻牌（如圖4-13）

A.二次作答依照分組顯示之翻牌(尚未設定答案，顯示為紅色)　　B.二次作答依照分組顯示之翻牌(已經設定答案)

圖4-13　二次作答_依照分組顯示之翻牌

㈩一二次作答之垂直長條圖（如圖4-14）

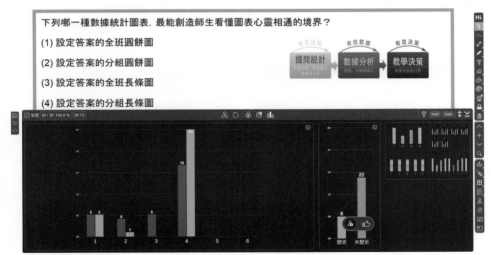

圖4-14　二次作答垂直長條圖

㈜ 二次作答之圓餅圖（如圖4-15）

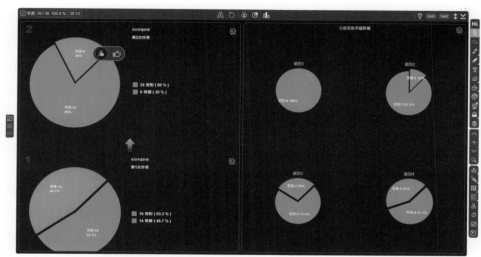

圖4-15　二次作答圓餅圖

㈜ 三次作答之統計圖表（如圖4-16）

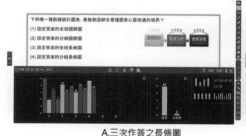 

A.三次作答之長條圖　　　　　　　　　B.三次作答之圓餅圖

圖4-16　三次作答統計圖表

第二節　評量數據與教學決策

　　學校教師若能進行數位化素養導向學習評量，可以大大減輕學習評量的工作負擔，讓學習評量更便利、更效能、更智慧。以 HiTeach 5 為例，

在教學過程進行教學評量（形成性、總結性、口頭詢問）產生的數據（例如條狀圖、圓餅圖），能讓教師「教學決策有所依據、學生上課有所樂趣」。質言之，教師輔以 HiTeach 5 教學系統所產生的評量數據圖表，能作為教師進行教學決策的依據，學生本身也可以了解自己、小組和全班的學習情況；而評量數據圖表亦可讓教師看見全班、小組以及每一位學生的思考，進而精準掌握學生思考，執行差異化教法與評量。以下針對教學決策之四種情境加以說明：

一、教學決策四情境

　　數據接收、數據分析和數據決策是智慧課堂之教學應用優勢，利用數據進行教學決策之應用情境，可概分為看懂圖表心靈相通、看見思考創造改變、看法不同多元思考、看出差異因材施教等四種情境（如圖4-17）（吳權威，2022c）。

圖4-17　教學決策四情境

㈠看懂圖表心靈相通：是指數據圖表例如統計圖、長條圖、小組差異圖等，除了作為教師進行教學決策工具，也可培養學生看懂圖表能力。學生看懂圖表了解自己、小組和全班情況，進而更投入學習中，透過解讀圖表來達到「心靈相通」的效果。

㈡看見思考創造改變：是指教師提問即時生成數據後，看見全班、小組及每一位學生的思考。再進一步應用數據來創造改變，藉此喚醒迷思的、不懂的學生，真正創造思考轉變與理解。

㈢看法不同多元思考：快速彙整各小組討論、分工合作的成果或作品，更快速的在共同平台中呈現出來，或推送到各小組，讓所有人都能看見其他小組的看法，以激發多元討論與思考。

㈣看出差異因材施教：根據統計圖表分別把差異內容、教材，分別推送給小組或個人，執行差異化教法與評量。

二、教學決策互動工具（吳權威，2022c）

㈠智慧挑人與追問

精彩課堂經常發生於教師提問與追問之後，透過學生反饋、教師追問、學生再回答等歷程，往往能創造課堂感動時刻（moment），迴盪師生心靈之間，深刻而難忘。智慧挑人功能是根據學生反饋數據的追問活動，利用統計圖表背後的反饋數據來挑人回答。教師可以在各式長條圖或圓餅圖中，依據答題正確與否、依據答案選項、是否變更選項等數據群組來挑選回答者。智慧挑人操作直觀、簡便，只需在統計圖表上按一下，再選擇挑人鈕，就會從所選數據中隨機挑出號碼，如圖 4-18、圖 4-19、圖 4-20、圖 4-21。

㈡二次作答與同步追問

二次作答是指第一次作答結束後，經過統計結果或討論後，請學生再次作答的教學活動。學生反饋數據收集在數據互動區，二次作答後，教師可比對兩次數據之變化，看見學生思考轉變的歷程。當然，教師也可再次深入追問請學生說明改變原因、理由，以澄清迷思概念。二次作答（依照分組顯示之翻牌）統計圖表如圖 4-22 所示、二次作答垂直長條圖如圖 4-23 所示、二次作答圓餅圖如圖 4-24 所示。

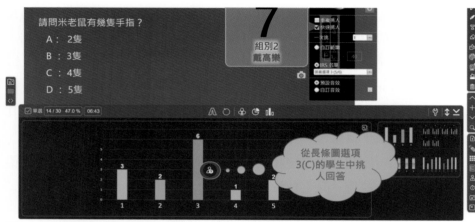

圖4-18　從長條圖中挑人回答

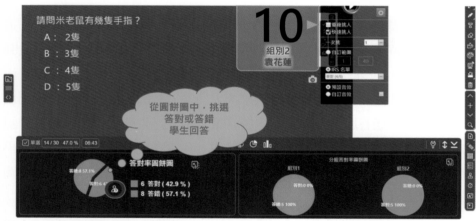

圖4-19　從圓餅圖中挑選答對者

　　美國哈佛大學物理系教授 Eric Mazur 研究團隊的 PI 同儕教學模式（Peer Instruction[2]，簡稱為 PI），就是二次作答的典型應用，如圖 4-25 之

---

[2] 同儕教學是一種證據本位（evidence-based）的互動式教學方法，由哈佛大學教授 Eric Mazur 在 1990 年代初期推廣開來。同儕教學最初用於許多學校，包括哈佛大學的入門級大學物理課程，現在用於全球各個學科和機構。同儕教學是一種以學生為中心的方法，透過將訊息傳遞移出並將訊息同化或學習應用導入課堂來翻轉傳統課堂。有一些研究支持同儕教學比傳統教學方法（如傳統講座）

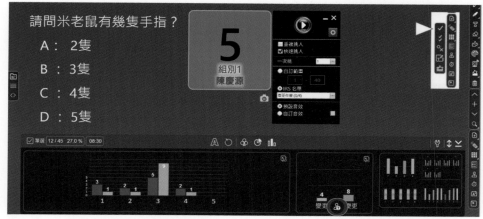

圖4-20　從長條圖中挑選變更作答者

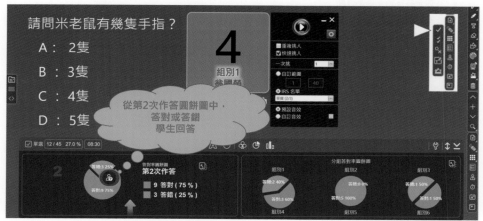

圖4-21　從第2次作答圖表中挑人

同儕教學決策樹，當學生通過率超過一定比率（例如 80%）後，就進入下一個概念；通過率小於一定比率（例如 35%）時，表示問題太難，教師必須進一步解釋；當介於兩者之間時，就是最佳的同儕教學時機，可進行二次作答。

___

更有效（Wikipedia, 2022）。

A.二次作答依照分組顯示之翻牌(尚未設定答案，顯示為紅色)　　　　B.二次作答依照分組顯示之翻牌(已經設定答案)

圖4-22　　二次作答依照分組顯示之翻牌

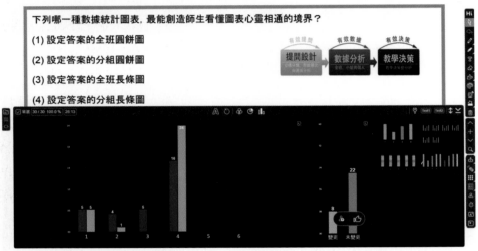

圖4-23　　二次作答垂直長條圖

㈢ 一次作答與說明理由

結合互動模組和任務模組可以同步追問學生說明所選答案之理由，流程如圖 4-26，先啟動互動模組，接著顯示統計圖表。再根據統計圖表之通過率，啟動任務模組，請學生書寫理由後遞交，最後使用挑選任務作品，進行作品觀摩。操作畫面示例如圖 4-27、圖 4-28、圖 4-29。

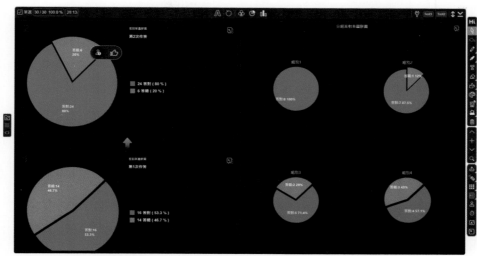

圖4-24　二次作答圓餅圖

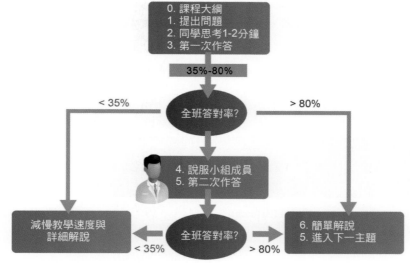

圖4-25　同儕教學之教學決策樹

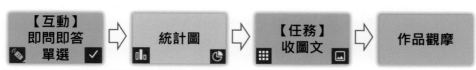

圖4-26　一次作答與說明理由操作流程

❶ 一次作答

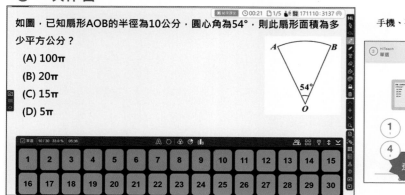 

手機、平板、筆電

教師端(HiTeach)　　　　學生端(Web IRS)

圖4-27　第一次作答示例

❷ 統計圖表

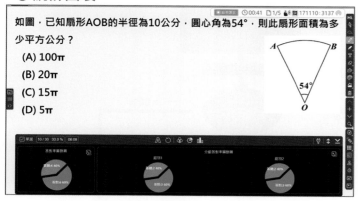 

手機、平板、筆電

教師端(HiTeach)　　　　學生端(Web IRS)

圖4-28　統計圖示例

㈣差異化任務

　　差異化教學設計有三千法門，每位教師各有一套。為了便於分類與交流分享差異化教學的經驗與智慧，可概分為內容差異、教材差異、教法差異、評量差異等四種類型（醍摩豆智慧教育研究院，2019）。教師呈現學習

❸ 說明理由

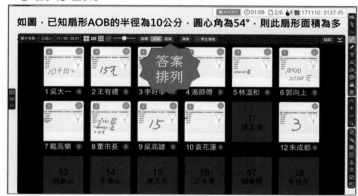

手機、平板、筆電

教師端(HiTeach)　　　　　　　　　　　　學生端(WebIRS)

圖4-29　說明理由示例（作品收集視窗）

任務選擇清單，再啟動互動模組，請學生選擇後，接著啟動任務模組，請學生根據選擇，完成任務後遞交，最後再根據選項排列作品，挑選作品，進行批註、分享、評價、觀摩或互評等學習活動。以下是差異化任務示例，操作畫面如圖4-30、圖4-31、圖4-32。

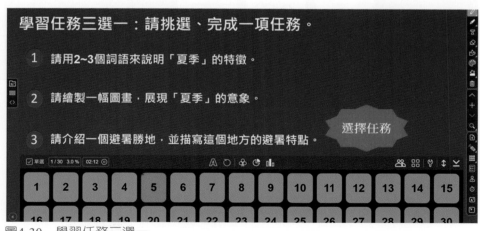

圖4-30　學習任務三選一

圖4-31 依座號排列作品

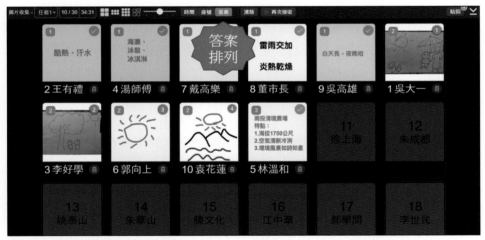

圖4-32 依任務選擇排列作品

㈤ 差異化教材設計

　　根據學生需求、興趣、經驗、能力等差異實施同步差異化教學，教師可設計多種難度不同、材料不同和份量不同等類型的差異化教材，再根據小組或個人在互動模組或任務模組的反饋進行教學決策，推送適當難度學

習任務，學生依教師指示回答相對應的任務。差異化教材舉例如圖 4-33、
圖 4-34。

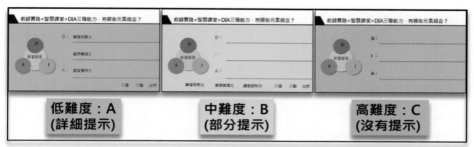

圖4-33　不同難度之教材

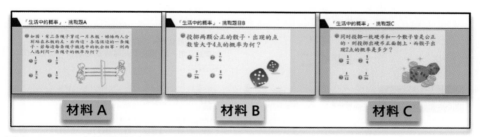

圖4-34　不同材料之教材

第三節　全班課堂學習表現數據總表

　　建設數位化環境讓工作更輕鬆，把重複且可複製的工作交給機器自動
完成。在生生用平板的 HiTeach 5 智慧教室裡，實施豐富多元的數位化學
習與評量活動，下課鐘響後就能自動產出全班學習表現摘要表和課堂學習
表現數據總表（吳權威，2022d）。

一、課堂學習表現數據類型

　　學生在課堂中的學習表現分為出席簽到、表現記分、課堂互動、任
務作業、評量測驗等五大類。出席簽到可自動（或手動）記錄學生出勤情

況，表現記分是課堂中教師根據學習表現給個人或小組記分，課堂互動根據單選、複選、是非、填充和搶權等互動題型的配分累加分數，任務作業自動統計學生完成任務數，評量測驗自動統計雲端試卷和紙筆試卷的評量數據。

在 HiTeach 5 智慧教室中授課結束時，當教師按下結束課堂鈕系統就會自動統計和顯示全班學習表現摘要表（如圖 4-35）。若教師想要進一步查看詳細的學習表現數據，可選擇匯出 Excel 課堂學習表現數據總表（如圖 4-36）。當然，這些數據也可以選擇傳送到 IES 雲平台，以便師生隨時到雲平台查閱學習歷程數據。

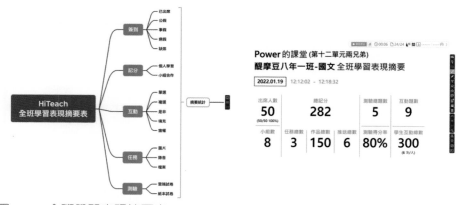

圖4-35　全班學習表現摘要表

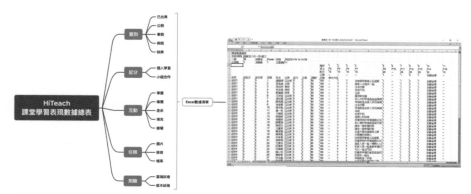

圖4-36　Excel課堂學習表現數據總表

二、學習表現視窗

　　在課程資訊區選擇學習表現鈕，就會顯示學習表現視窗。視窗中有出席、記分和互動頁面。在出席頁面，會自動顯示已經連線出席的學生，教師也可隨時點名、設定每一位學生的出席狀態（如圖4-37）。

圖4-37　出席頁面

　　在記分頁面會顯示所有學生個人記分和小組記分數據，教師可以在頁面中增減學生記分。當選擇合計組分時，則會自動加總數據，如圖4-38。在互動頁面會顯示每一位學生的互動得分數據，如圖4-39。

三、全班學習表現摘要表

　　結束課堂之後，HiTeach 5 會顯示全班學習表現摘要通知（如圖4-40）。選擇貼上鈕，可將摘要表貼回 HiTeach 5 頁面（如圖4-41）。

圖4-38　記分頁面

圖4-39　互動頁面

四、Excel課堂學習表現數據總表

　　從學習表現視窗中選擇匯出鈕可以匯出 Excel 格式課堂學習表現數據

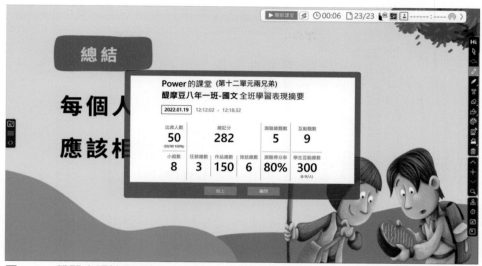

圖4-40　學習表現摘要通知

圖4-41　貼上學習表現摘要

總表如圖 4-42、圖 4-43，以及所有學生的任務作業檔案。自動產出全班課堂學習表現數據總表，是學習評量數位化的科技紅利，可以幫教師們節省許多寶貴時間，把時間用在個性化難複製的教學工作上。這項自動化結

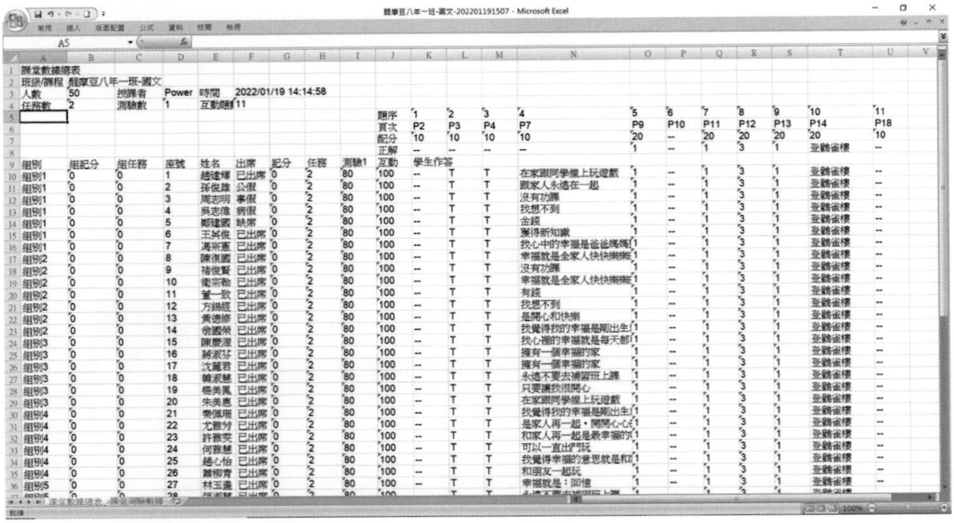

圖4-42　課堂數據總表頁面

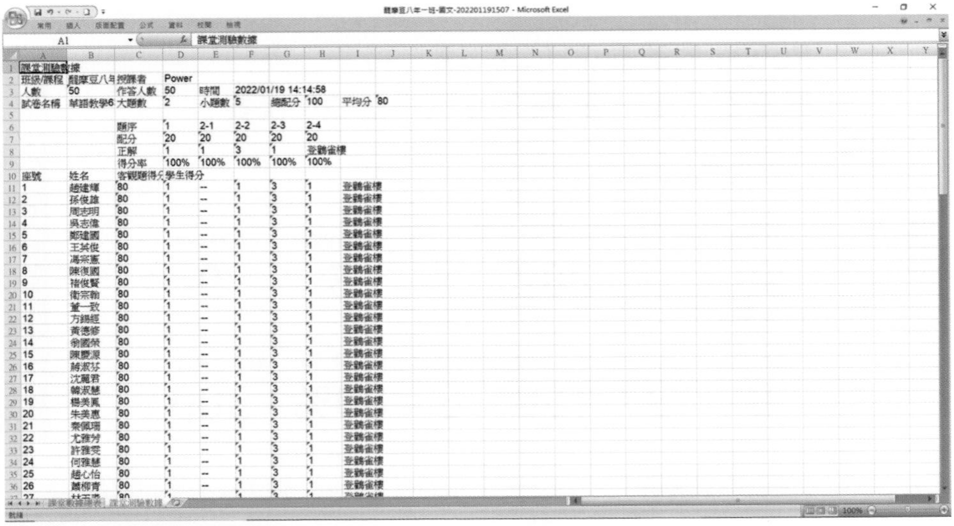

圖4-43　課堂測驗數據

算數據新功能是 HiTeach 5 的自動化創新教學服務，讓學習表現數據可視化，幫助教師們更精準掌握每一個學生的學習狀態。

第五章
智慧化評量與測驗模式

　　因應 108 新課綱將科技領域獨立，爲培養學生「做、用、想」的能力，將科技引入教育的智慧課堂中，讓學生學習善用科技、資訊與媒體的能力，使其具備 21 世紀所需的科技素養。智慧學校的出現帶來了教室生態的改變：「智慧化教學」也讓學生在教室中的學習模式不同於以往，能藉由數位載具等資訊設備與教師和同儕進行更多的互動、討論和交流，激發學生的自主思考與合作學習之能力（張奕華、吳權威、曾秀珠、張奕財、陳家祥，2020）。而智慧評量機制是由教師先設定教學目標，接著透過診斷性評量的結果確認學生的先備知識程度，再依據形成性評量的結果來調整教學方法，最後透過總結性評量確認學生對於課程內容的熟練程度。研究結果顯示智慧評量能讓學生產生正向的學習態度，並提升學生的學習成效和沉浸程度（柳嘉樺，2015）。由此可見，導入「智慧化教學系統」是實現創新教學的前提，而智慧化的教與學才是達成智慧教育目標的關鍵（張奕華、吳權威，2014）。換言之，智慧「教」與「學」係指透過雲端科技技術實踐智慧的教與學，例如搭載雙 AI 引擎的智慧課堂教學軟體，整合電子白板、師生互動和學習評量等三大教學功能，充分支持包括互動學習、任務學習、多元評量與差異化學習的完整教學系統（張奕華，2022）。

　　本章第一節聚焦在智慧化評量，包含了同步評量和非同步評量；而線上作業發布以及課堂上即時派發作業或任務，也是評量的一種，亦會在第二節一併討論；第三節則是說明利用出版社題庫系統匯出試題並在 HiTeach 5 中進行隨堂測驗的模式；第四節則是論述智慧評量模組設計。

第一節　同步評量和非同步評量

　　眾所週知無論大考、小考、模擬考等都是教學過程中可能需要進行的評量活動，教師若能夠透過數位化工具來輔助，將不只可提升效率，更是線上教學，或者線上／現場混合式教學（hybrid learning）不可或缺的工具。TEAM Model 智慧教育支持系統提供課堂上即時發起的智慧課堂評量（利用 HiTeach 5 進行同步測驗活動）、線上自主評量（利用 IES 雲平台進行非同步的測驗活動）、以及卷卡合一閱卷系統的紙本掃描閱卷評量等三種方式，以下將以智慧課堂評量、線上自主評量兩種適合隨堂測驗、自主練習測驗的應用（網奕資訊，2023a）說明如下：

一、智慧課堂評量（同步）

　　以 HiTeach 5 軟體所支援的智慧教室裡，教師能夠發布同步測驗，讓學生以 Web IRS 或 IRS 反饋器進行作答。同步測驗的方式有隨堂紙本測驗、IES 雲試卷、匯入 Excel 試卷檔案等三種，說明如下：

㈠隨堂紙本測驗

　　係指利用現成的紙本試卷發給學生，而學生則利用 Web IRS 上的答題卡，或者 IRS 反饋器進行作答，紙本測驗是多數課堂常用的測驗模式，而這個方法則是融入數位化的作法，能快速統計、檢討與講解（如圖 5-1）。有關「HiTeach 5 隨堂紙本測驗功能的應用」之詳細操作說明，請掃描圖 5-2。

㈡IES雲試卷測驗

　　第二種同步測驗的方法是在雲平台 IES（個人可免費使用）先建立題目、試卷，然後在 HiTeach 5 直接取用這份試卷進行同步測驗（如圖 5-3）。相關之「素養導向雲平台題庫與試卷應用」，請掃描圖 5-4。

圖5-1 學生用紙本試卷進行測驗

圖5-2 HiTeach 5隨堂紙本測驗功能的應用

　　HiTeach 5 選用 IES 雲試卷同步測驗的操作步驟如下：

1. 步驟一：在 HiTeach 5 登入自己的醍摩豆帳號之後，點選開始課堂鈕，
   出現選擇課程視窗後，選擇這堂課的課程資料來源，再選擇課程名單，
   最後點選開啓鈕（如圖 5-5）。

圖5-3 登入IES建立試卷測驗

圖5-4 素養導向雲平台題庫與試卷應用

圖5-5　步驟一

　　在圖 5-5 中所顯示的「選擇課程」，係為 HiTeach 5 智慧教學系統所提供建立課程名單的方式，包括雲平台學校課程名單、雲平台個人課程名單、本機課程名單、動態名單等四種。其中，前兩種是雲平台課程名單，後兩種是簡易名單。在雲平台建立個人課程名單或學校課程名單，就可以在雲平台保存完整評量數據。測驗結果若要同步 IES 雲平台，讓學生可以進行課後複習，則教師必須使用 IES 個人課程或學校課程。有關上述四種課程名單應用情境的介紹說明，請掃描圖 5-6。

圖5-6　課程名單與評量數據

2. 步驟二：選擇測驗模式鈕，再選擇 IES 雲試卷鈕，接著在學校試卷中選擇一份試卷（如圖 5-7）。

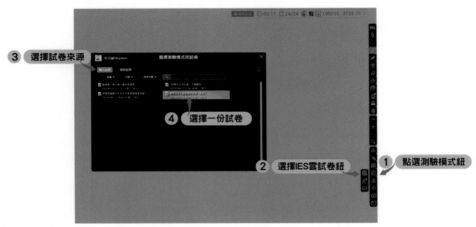

圖5-7　步驟二

(1)作答 IES 雲試卷

　　學生端 Web IRS 5 就可以使用平板電腦、一般電腦瀏覽器或手機連線開始作答。作答時，可以逐題檢視，然後選擇自己的答案，答題卡區則可以查看已經作答的情況，甚至直接在答題卡區選擇答案。確定整份試卷作答完成後，點選交卷鈕（如圖 5-8）。

(2)點選答題卡標籤

　　值得注意的是若是使用手機或窄螢幕載具作答，則須點選答題卡標籤才會顯示答題卡（如圖 5-9）。

(3)教師端檢視學生作答進度

　　在作答的過程中教師端 HiTeach 5 可以檢視所有學生作答的進度，等待學生端完成作答後，按下停止測驗鈕，再點選確認鈕會顯示評量結果數據（圖 5-10）。

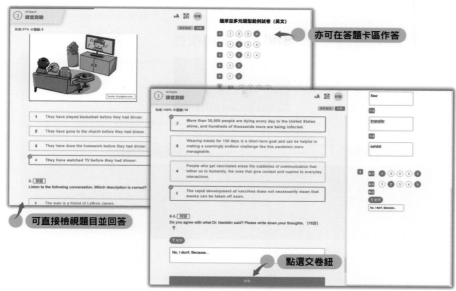

圖5-8 作答IES雲試卷

圖5-9 點選答題卡標籤

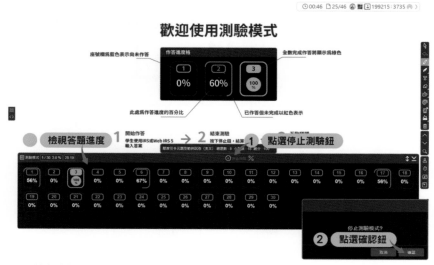

圖5-10　教師端檢視學生作答進度

⑷學生端顯示測驗答題情況

　　學生端 Web IRS 隨即顯示這次測驗答對或答錯的答題情況，若試題有設計題目解析，則可以看到題目的解題說明（如圖 5-11）。

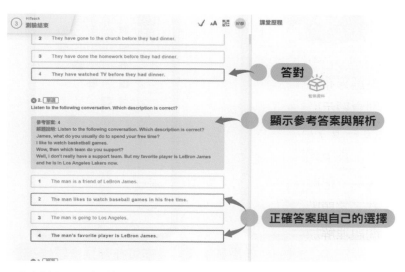

圖5-11　學生端顯示測驗答題情況

⑸教師端立即顯示逐題答對率

　　教師端的 HiTeach 5 則會立即顯示逐題答對率，可做為挑選重點題目來講解說明的參考。綠色代表答對率超過 70%、黃色代表 50%-70%、紅色代表 50% 以下，教師可優先挑選紅色答對率的題目來進行互動評講（如圖 5-12）。

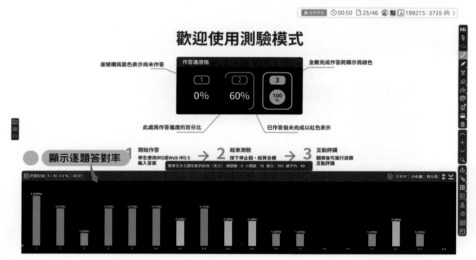

圖5-12　顯示逐題答對率

⑹點選分布圖鈕與得分表鈕

　　教師點選分布圖鈕會顯示得分率分布長條圖以及知識點分布圖，點選得分表鈕則會顯示所有學生測驗結果的得分情況（如圖 5-13）。

⑺利用上一頁／下一頁鈕檢視答題結果

　　教師可利用 HiTeach 5 工具列的上一頁／下一頁鈕，檢視各題題目的答題結果，每一道題目的答題結果可使用長條圖、圓餅圖、翻牌等功能，因為已經有了答題數據，所以可以據此進行智慧挑人，差異化推送等互動評講，將問題理解加深、加廣（如圖 5-14）。

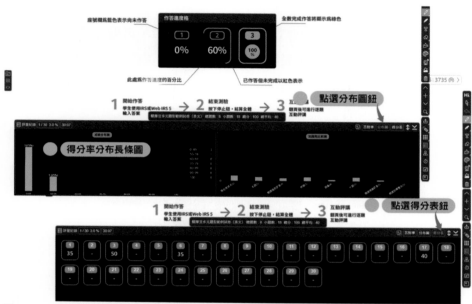

圖5-13 點選分布圖鈕與得分表鈕

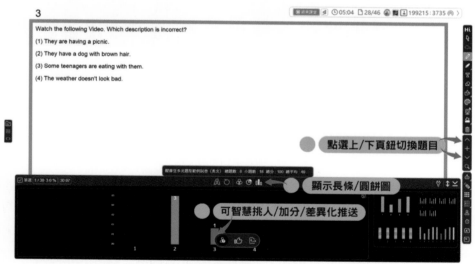

圖5-14 利用上一頁／下一頁鈕檢視答題結果

(8)匯出課堂數據總表

　　教師若欲匯出測驗成績記錄，可利用學生學習表現記錄視窗，點選匯出鈕，就可以匯出課堂數據總表 Excel 檔（如圖 5-15）。

圖5-15　匯出課堂數據總表

(9)批閱文字題等主觀題型

　　假如試題有包含問答題或需要手動批閱的填充題，那麼在開始課堂時就要選擇 IES 上的個人課程或學校課程，並於結束課堂之後利用雲平台 IES 來檢視這次測驗結果，以及批閱文字題等主觀題型（如圖 5-16）。

㈢匯入Excel試卷檔案

1. 從HiTeach 5教材資源區點選資源鈕

　　如果教師手邊有出版社所提供的題庫光碟，或者是線上資源平台所提供的題庫資源，只要這些題庫所提供的組卷功能具有匯出成 CSV 或 Excel 檔案格式功能，那麼在 HiTeach 5 中結合這份 Excel 試卷來進行隨堂測驗

圖5-16　批閱文字題等主觀題型

將是非常方便的事情。若是 CSV 檔案格式，則請先將這個檔案利用 Excel 開啓，將其另存成 Excel 的 xlsx 格式。取得的 Excel 試題後首先要確認是否符合 HiTeach 5 所支援的欄位安排，可從 HiTeach 5 取得參考的範例檔案。請從 HiTeach 5 教材資源區點選資源鈕，若是新安裝請點選重新整理鈕，以取得雲端所提供的最新資源，然後點選範例檔標籤，即可查閱範例檔存放路徑，以及可參考的 Excel 試卷範例檔（如圖 5-17）。

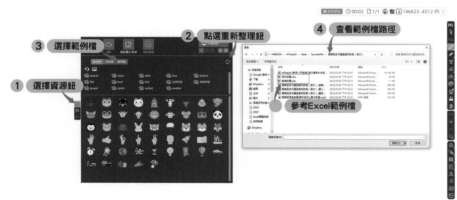

圖5-17　從HiTeach 5教材資源區點選資源鈕

2. 依指定Excel欄位格式複製與貼上試題內容

只要依序複製、貼上試題的內容到範例檔指定的題幹欄位、正確選項（答案）欄位、選項欄位，其它欄位則是選填（可不填）。許多出版社的題庫系統所匯出的 CSV 檔，例如康軒、翰林、南一等，可能都符合前述 HiTeach 5 所需要的 Excel 欄位格式，通常可以直接使用（如圖 5-18）。

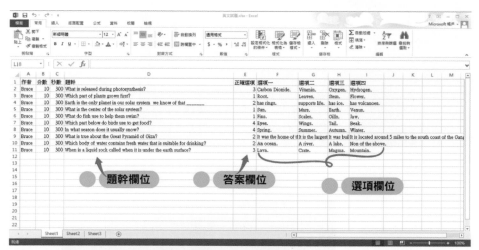

圖5-18　依指定Excel欄位格式複製與貼上試題內容

3. 進行隨堂測驗的操作步驟

準備好試卷 Excel 檔之後，在 HiTeach 5 中進行隨堂測驗的操作步驟如下：

(1)步驟一：選擇測驗模式鈕，再選擇匯入 Excel 試卷檔案鈕，接著選擇一份 Excel 試卷（如圖 5-19）。

(2)步驟二：出現試卷預覽畫面後，檢視試卷題目是否正確，若確認無誤，則點選確認鈕（如圖 5-20）。

學生端 Web IRS 就可以使用平板電腦、一般電腦瀏覽器或手機連線開始作答。作答時可以逐題檢視，然後選擇自己的答案，答題卡區則可以

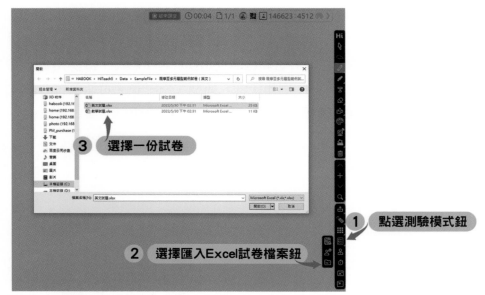

圖5-19　步驟一

圖5-20　步驟二

查看已經作答的情況，甚至直接在答題卡區選擇答案。確定整份試卷作答完成後，點選交卷鈕（如圖 5-21）。

　　學生作答的過程中，教師端 HiTeach 5 可以檢視所有學生作答的進

圖5-21　學生端Web IRS連線開始作答

度，等待學生端完成作答後，按下停止測驗鈕，再點選確認鈕，會立即顯示逐題答對率，可做為挑選重點題目來講解說明的參考，根據數據可優先挑選紅色答對率的題目來進行互動評講（如圖 5-22）。

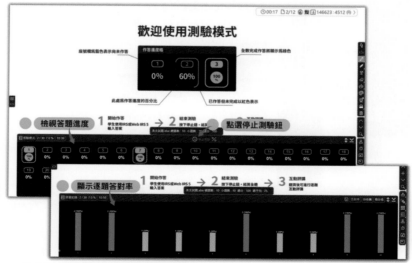

圖5-22　教師端HiTeach 5檢視所有學生作答進度

二、線上自主評量（非同步）

　　教師在雲平台 IES 建立個人課程後，就可以隨時發布線上自主評量給學生練習，以下分別說明教師發布線上自主評量、學生線上自主評量、教師批閱評量試卷以及學生查閱成績與複習的操作頁面。

㈠教師發布線上自主評量

　　教師發布線上自主評量活動需要先準備好雲端試卷，以下說明發布線上自主評量的操作流程步驟：

1.選擇我的活動／個人評量：選擇 IES 左下角的我的活動／個人評量，接著選擇 + 鈕，出現建立評量頁面後，輸入評量資訊，包含：試卷名稱、線上自主評量模式、選擇評量類型（小考）、選擇施測對象：個人課程、選擇結束時間等，然後選擇試卷庫來源，再選擇試卷，出現確認頁面後，點選確定鈕（如圖 5-23）。

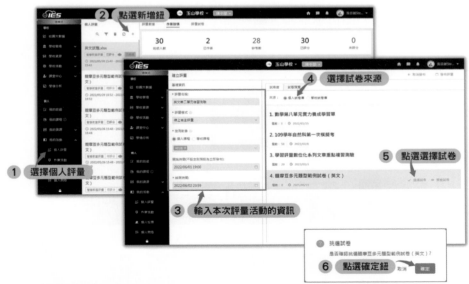

圖5-23　選擇我的活動／個人評量

2. 選擇發布評量鈕：出現試卷預覽頁面後，選擇發布評量鈕（如圖 5-24）。

圖5-24　選擇發布評量鈕

3. 複製評量通知給學生

　　發布評量活動之後，再移動滑鼠指標到該評量活動項目區的訊息鈕處會出現選單，可複製包含評量活動名稱、相關資訊以及超連結的訊息，直接貼到班級即時通訊群組給學生，或者只複製單純的活動超連結訊息給學生，讓學生可點擊超連結，就立即前往進行評量活動（如圖 5-25）。

㈡ 學生線上自主評量

　　教師發布評量作業後，系統會自動通知學生，學生透過 AClass ONE 來執行評量活動的操作流程步驟如下：

1. 步驟一：學生登入 AClass ONE 5，可輸入網址：https://www.teammodel.net/login/student，或從 HABOOK 官網，選擇教師／學生登入，再選擇學生 AClass ONE 5，出現登入畫面後，可使用第三方帳號登入，或以輸入帳號、密碼的方式登入（如圖 5-26）。

圖5-25 複製評量通知給學生

圖5-26 步驟一

2. 步驟二：登入平台後，選擇進行中的評量活動活動，再選擇前往作答（如圖 5-27）。

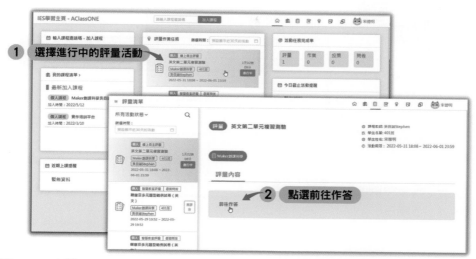

圖5-27　步驟二

3. 步驟三：進入作答畫面後，可逐題回答問題或選擇題號作答，問答題可以拍照或選擇本機圖片檔案，完成作答後，選擇交卷鈕（如圖 5-28）。

4. 步驟四：出現確定交卷頁面後，學生可以選擇確定交卷鈕。回活動畫面後，若活動時間尚未截止，會顯示成績尚未結算，請等待教師批改試卷狀態（如圖 5-29）。

㈢ 教師批閱評量試卷

　　在評量試卷中單選題、多選題和是非題等客觀題型，系統會自動批閱，但主觀題型則需要由教師自行批閱，以下是教師批閱評量試卷的操作流程步驟：

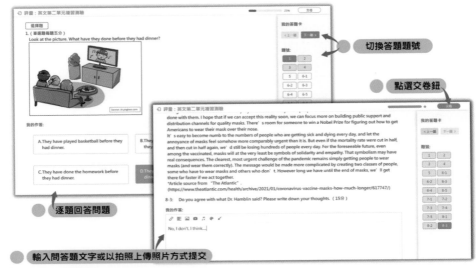

圖5-28　步驟三

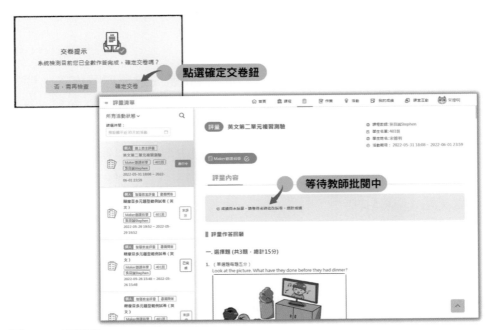

圖5-29　步驟四

1. 步驟一：教師登入雲平台 IES，選擇我的活動／個人評量，接著選擇要進行批閱的評量活動，然後選擇作答詳情標籤，再針對開始批閱的學生選擇前往評分鈕（如圖 5-30）。

圖5-30　步驟一

2. 步驟二：客觀題如選擇題、是非題等系統已經自動批閱，題號以藍色呈現；而填充、問答等主觀題，若尚未批閱的題號顯示為灰色，只要選擇試題號碼，就會自動跳至該題。教師可選擇按人批閱或按題批閱。批閱的操作部分，提供以未閱滿分、未閱零分等選項，可以幫助教師快速批閱給分（如圖 5-31）。

圖5-31　步驟二

3. 步驟三：教師批閱主觀題時，可以直接加減分來操作給分，點選批註鈕，則可針對作答結果進一步以畫筆、輸入文字等方式進行批註，批註完成則點選確定鈕。完成一項給分後，選擇儲存給分鈕（如圖 5-32）。

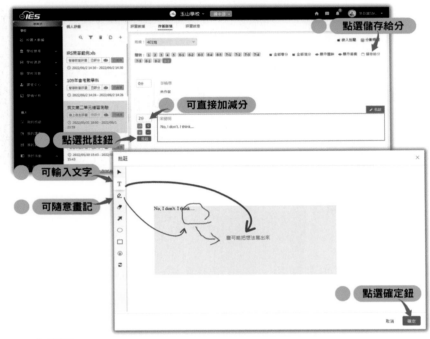

圖5-32　步驟三

　　依序完成其它題（按題批閱）或其他學生試卷（按人批閱）的批閱後，系統會自動計算試卷得分（如圖 5-33）。

（四）學生查閱成績與複習

1. 顯示評量結果的數據報告：當教師完成批閱試卷後，學生端登入 AClass ONE 之後，就會顯示評量結果的數據報告（如圖 5-34）。
2. 學生進行自主練習：學生可以自己針對試題標記星號，以利自己後續的複習。針對錯題、標記星號的題目，可以進行自主練習（如圖 5-35）。

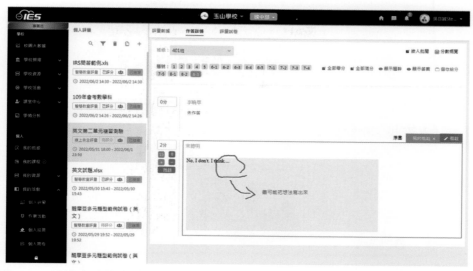

圖5-33　系統自動計算試卷得分

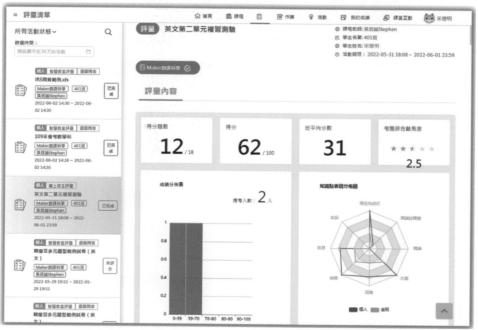

圖5-34　顯示評量結果的數據報告

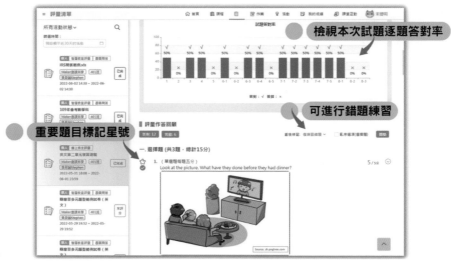

圖5-35　學生進行自主練習

3. 試題提供解析與補救資源：若試卷中試題有提供包含解析、補救資源等，也會自動顯示提供給學生參考學習（圖 5-36）。

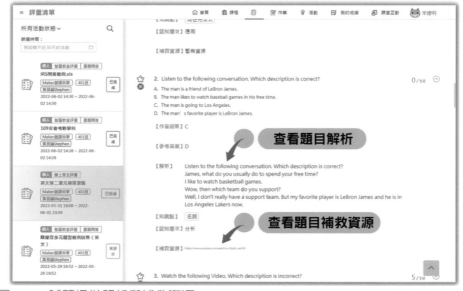

圖5-36　試題提供解析與補救資源

第二節　作業發布、繳交與批閱

　　醍摩豆（TEAM Model）智慧教育支持系統提供線上作業發布（利用 IES 雲平台進行非同步的作業活動），以及課堂上即時派發作業或任務（利用 HiTeach 5 進行同步作業活動）兩種方式來進行作業活動，說明如下（網奕資訊，2023b）：

一、線上作業發布、繳交、批閱（非同步）

㈠教師發布作業

1. 步驟一：登入 IES 雲平台、建立課程

   教師從醍摩豆的官網 www.habook.com 選擇「教師／學生」登入，再從選單中選擇「教師 IES 5」，即可進入 IES 雲平台的入口，登入後就能夠建立個人課程，並邀請學生加入課程。

2. 步驟二：選擇作業活動，再選擇新增鈕依序輸入「作業名稱」、選擇「要發布的班級」、選擇「開始＆結束時間」、輸入「作業說明」（可插入圖片、超連結）。如果作業有需要搭配檔案，則可選擇「要上傳的附件檔案」，也可勾選作業的繳交要求，最後點選「發布活動鈕」（如圖 5-37）。完成發布後，就會在作業活動的列表中顯示執行中的作業（如圖 5-38）。

㈡學生提交作業

　　學生端登入 AClass ONE 智慧學伴平台（從醍摩豆的官網 www.habook.com 選擇「教師／學生」登入，再從選單中選擇「學生 AClass ONE 5」）後，就會看到教師發布的作業，然後進行作業檢視與提交，步驟說明如下：

1. 步驟一：登入 AClass ONE 後，點選要檢視與執行的作業活動（如圖 5-39）。

圖5-37 選擇作業活動再選擇新增鈕

圖5-38 顯示執行中的作業

2. 步驟二：在圖文框內輸入作業要求的相關內容，包括文字、圖片，如果學生採用平板電腦，圖片的部分可以選擇「直接拍照或者平板中存在的圖片」（如圖 5-40）。

3. 步驟三：如果作業有要求上傳檔案，則可點選「選擇檔案」鈕，選取需要上傳的作業檔案。確定所有提交內容之後，點選「上傳作業」鈕，完成作業提交（如圖 5-41）。

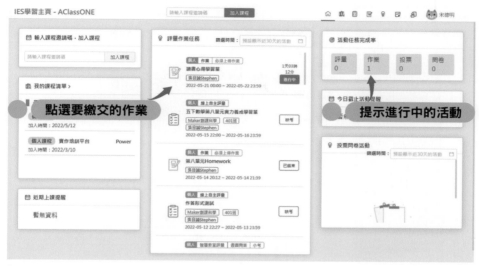

圖5-39　步驟一

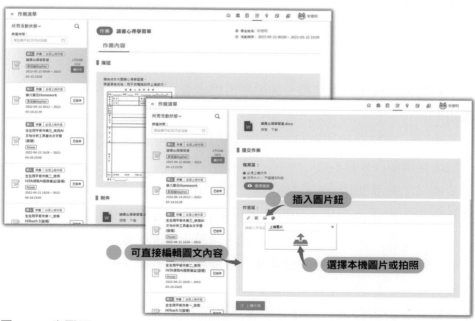

圖5-40　步驟二

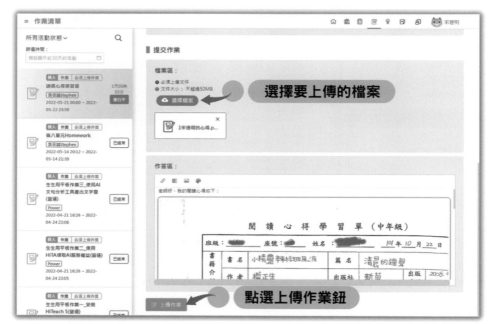

圖5-41 步驟三

㈢教師批閱作業

學生都完成作業提交後，教師即可透過登入 IES 進行作業的批閱，步驟如下：

1. 步驟一：選擇要檢視與批閱的作業活動，然後針對要批閱的學生點選批改作業鈕（如圖 5-42）。

2. 步驟二：點選批註，可直接在提交內容中做批改、註記（如圖 5-43）。

3. 步驟三：點選畫筆鈕，即可利用滑鼠指標在作業內容上劃記（若是使用平板電腦或觸控螢幕，則可直接在螢幕上劃記，就跟平時批閱紙本作業一樣）；接著可以點選文字鈕，直接在這份作業上輸入文字，確定批註完成後，點選確定鈕（如圖 5-44）。

4. 步驟四：針對作業給予評分或者以評星方式給予適當的星星數，然後輸入評語，若是針對特定學科或班級有常用的評語，則可將評語保存，

圖5-42　步驟一

圖5-43　步驟二

下次直接選用。最後點選提交鈕，完成這位學生作業的批閱動作（如圖 5-45）。

5. 步驟五：如果學生提交的作業包含附件檔案，則可點選附件內容標籤 查看，若是平台可以支援的檔案格式，例如 Word 檔、圖片等（發布作

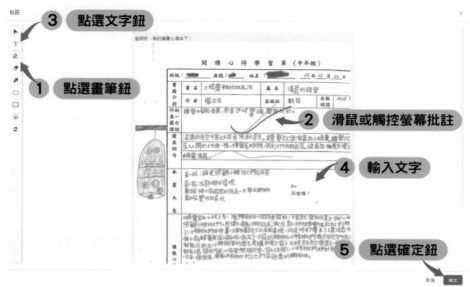

圖5-44 步驟三

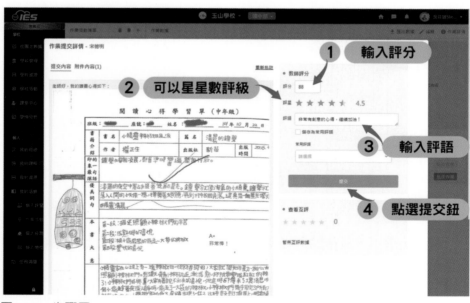

圖5-45 步驟四

業時可限制作業提交的檔案格式），當下即可進行瀏覽；若提交多個檔案，則點選下方的方向鍵，可以切換不同的檔案（如圖 5-46）。

圖5-46　步驟五

㈣ 學生查閱作業、教師查閱與管理成績

　　當作業時間結束或者教師點選立即結束鈕停止作業繳交之後，學生下次登入 AClass ONE 後，也能夠檢視教師給予評分與批閱的結果（如圖 5-47）。

　　此外，教師能夠隨時檢視這次作業的評分與批閱結果，而且可以把評分結果匯出，在統整學習成績上很便利（如圖 5-48）。

二、課堂上即時派發作業或任務（同步）

　　不管是教室現場指派與進行的作業活動，或者課前就已經指定學生需要完成的作業，可以透過 HiTeach 5 的任務蒐集功能快速彙整。如果是課

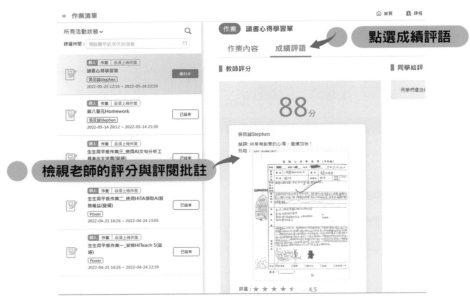

圖5-47　學生檢視教師給予評分與批閱結果

圖5-48　匯出作業評分與批閱結果

堂中現場指派的作業，並且要求在一定時間內完成，那麼教師端可將準備
好的作業內容，例如黑板畫面、PPT 頁面、網頁或使用 HiTeach 5 上準備
好頁面，利用 HiTeach 5 教學工具區的作品任務鈕，選擇圖片、錄音或檔

案鈕，就可將頁面內容自動推送到學生端的 Web IRS 中，學生依指示完成圖檔任務、錄音任務或檔案任務後，點選傳送鈕。在教師端作品收集視窗就可以隨時檢視每一位學生的圖檔／音檔／檔案的任務完成情況，並可挑選作品進行作品評價與分享。同理，教師也可以利用相同的功能，請學生提交課前就已經指定學生需要完成的作業，教師端 HiTeach 5 即可進行即時收集作業的動作。

㈠「檔案類型」作業收集

　　若要請學生繳交檔案類型的作業，可從 HiTeach 5 專業版授權的教學工具區，點選任務作品鈕，再點選「檔案鈕」，學生端就可以利用 Web IRS 選擇要提交的檔案後，點選傳送鈕。在教師端的作品收集視窗上，就可以隨時檢視每一位學生的繳交完成情況（如圖 5-49）。

教師端(HiTeach)　　　　　　　　　　學生端(Web IRS)

圖5-49　請學生繳交檔案類型作業

㈡「圖片類型」作業收集

　　若是圖片類型的作業，則可從 HiTeach 5 專業版授權的教學工具區，

點選任務作品鈕，再點選圖片鈕，學生端就可以藉由 Web IRS，利用平板電腦的拍照功能，將紙本作業拍照上傳。或者是直接選擇平板或電腦中的圖片檔案上傳，然後點選傳送鈕。在教師端的作品收集視窗上，就可以隨時檢視每一位學生的繳交完成情況，並可挑選作品進行作品評價與分享（如圖 5-50）。

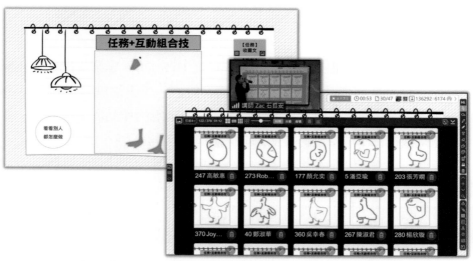

圖5-50　學生傳送圖片類型作業

㈢「錄音類型」作業收集

錄音的功能適合用在課堂上發布與即時提交的應用，讓學生以麥克風即時錄音的方式提交作品。方法是從 HiTeach 5 專業版授權的教學工具區，點選任務作品鈕，再點選錄音鈕，學生端就可以藉由 Web IRS，利用平板電腦或電腦的麥克風錄音功能，將作品錄音上傳，然後點選傳送鈕，在教師端的作品收集視窗上，就可以隨時檢視每一位學生的繳交完成情況，並可挑選作品進行作品評價與分享（如圖 5-51）。

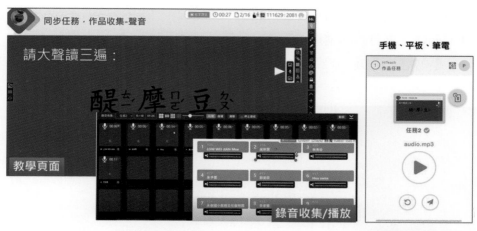

圖5-51　學生傳送聲音類型作業

㈣打包下載作業

　　HiTeach 5 收集到作業後，教師可將所有提交的作業（任務）打包下載，步驟如下：

1. 步驟一：於課堂結束前或是結束課堂後，但開始下一堂課堂前，至上方課堂資訊區點選學生出席表（ ![icon] ）→匯出課堂數據總表（ ![icon] ）與學生作品（請注意：若關閉 HiTeach 5，學生作品將不會被保存）（如圖 5-52）。

圖5-52　步驟一

2.步驟二：請勾選「匯出課堂數據與學生作品」，再選擇欲儲存的位置，**HiTeach 5** 就會將課堂當下的課堂數據（excel 格式）與學生作品（打包 zip 壓縮檔）匯出（如圖 5-53）。

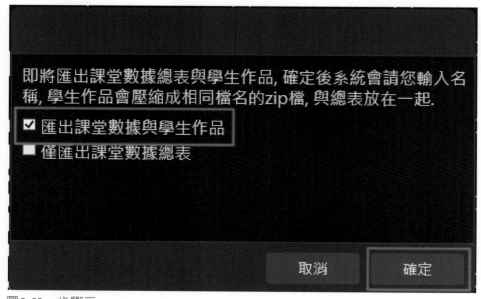

圖5-53　步驟二

3.步驟三：將學生作品 zip 檔案解壓縮，可依據任務編號查看各任務所有學生提交的檔案，包括學生當時所上傳的圖片、檔案或錄音檔，檔名是依據座號編號（如圖 5-54）。

第三節　出版社題庫出題與匯出的隨堂考試

許多出版社都有提供教師專用的各科題庫光碟，以利教師們出題、測驗，檢視學生的學習成果。在以 HiTeach 5 專業版授權軟體所支援的智慧教室裡，教師能夠利用同步測驗功能，以匯入 Excel 試卷檔案方式，讓學生以 Web IRS 或 IRS 反饋器進行作答，說明如下（網奕資訊，2023c）：

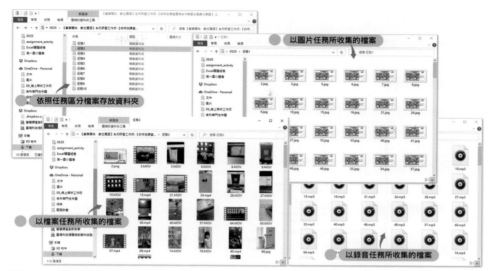

圖5-54　步驟三

一、直接支援的題庫匯出格式

如果教師手邊有出版社所提供的題庫光碟例如康軒、翰林、南一等這些題庫系統所提供的組卷功能具有匯出成 CSV 檔案格式功能，而且題目的欄位格式通常符合 HiTeach 5 所需的格式，直接可以在 HiTeach 5 中應用於隨堂測驗活動。利用出版社題庫系統匯出試題並在 HiTeach 5 中進行隨堂測驗的操作步驟如下：

㈠步驟一：利用康軒、翰林或南一的題庫光碟出題時，在輸出試卷的動作前，勾選匯出 CSV 的選項，然後執行輸出試卷的動作，就可以取得這份試卷的 CSV 檔案（如圖 5-55）。

㈡步驟二：利用 Excel 開啟這個 CSV 檔案，然後選擇另存新檔，將檔案儲存成 Excel 標準的 xls 或 xlsx 格式（如圖 5-56）。

㈢步驟三：在 HiTeach 5 中執行開始課堂後，選擇測驗模式鈕，再選擇匯入 Excel 試卷檔案鈕，接著選擇前面步驟所儲存的 Excel 試卷（如圖 5-57）。

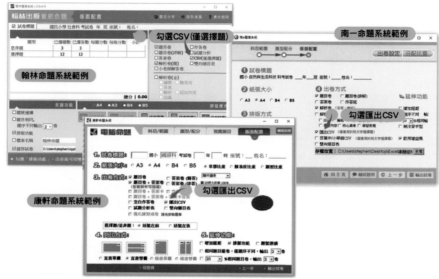

圖5-55　步驟一

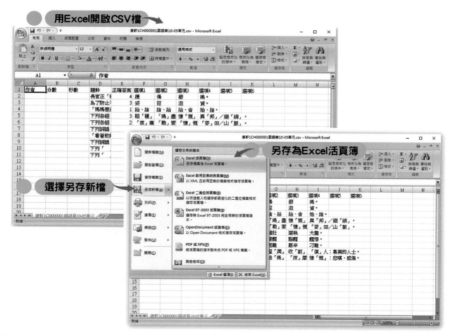

圖5-56　步驟二

圖5-57　步驟三

㈣步驟四：出現試卷預覽畫面後，檢視試卷題目是否正確，若確認無誤，
　　則點選確認鈕（如圖 5-58）。

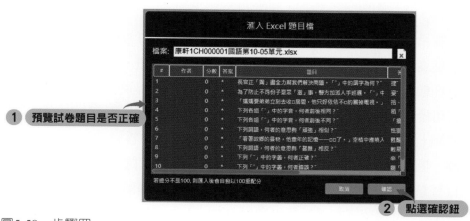

圖5-58　步驟四

㈤步驟五：學生端 Web IRS 就可以使用平板電腦、一般電腦瀏覽器或手
　　機連線開始作答。作答時可以逐題檢視，然後選擇自己的答案，答題卡

區則可以查看已經作答的情況，甚至直接在答題卡區選擇答案。確定整份試卷作答完成後，點選交卷鈕（如圖 5-59）。

圖5-59　步驟五

㈥步驟六：學生作答的過程中，教師端 HiTeach 5 可以檢視所有學生作答的進度，等待學生端完成作答後，按下停止測驗鈕，再點選確認鈕，會立即顯示逐題答對率，可做為挑選重點題目來講解說明的參考，根據數據可優先挑選紅色答對率的題目來進行互動評講（如圖 5-60）。

㈦步驟七：檢視各題題目的答題結果，每道題目的答題結果可使用長條圖、圓餅圖、翻牌等功能，因為已經有了答題數據，所以可以據此進行智慧挑人，差異化推送等互動評講，將問題理解加深、加廣（如圖 5-61）。特別留意的是教師可利用 HiTeach 5 工具列的上一頁／下一頁鈕，由於 CSV 格式是純文字的檔案格式，因此，假如題目有數學公式、圖片、圖形物件等內容，就不會在試題中出現。這時可以輔助出版

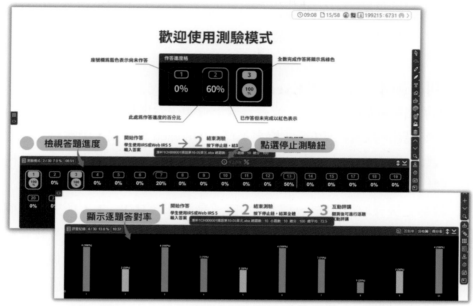

圖5-60　步驟六

圖5-61　步驟七

社輸出試卷時所產生的 Word 試卷列印或檔案發給學生輔助，HiTeach 5 測驗的數位答題卡還是可以發揮很大的效益。

二、利用範本格式準備Excel試卷檔

如果出版社的題庫光碟，或者是線上資源平台所提供的題庫資源，組卷功能所匯出的 CSV 或 Excel 檔案不符合 HiTeach 5 格式，仍然可以透過欄位複製、貼上的方式，事先編輯成符合 HiTeach 5 所支援的隨堂測驗格式，同樣可以利用 Excel 試卷來進行隨堂測驗。

教師先檢查取得的 Excel 試題，確認是否符合 HiTeach 5 所支援的欄位安排，可從 HiTeach 5 取得參考的範例檔案。請從 HiTeach 5 教材資源區點選資源鈕，若是新安裝請點選重新整理鈕，以取得雲端所提供的最新資源，然後點選範例檔標籤，即可查閱範例檔存放路徑，以及可參考的 Excel 試卷範例檔（如圖 5-62）。

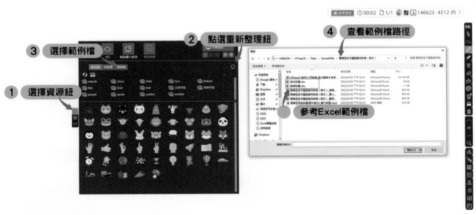

圖5-62　從HiTeach 5取得參考的範例檔案

教師只要依序複製、貼上試題的內容到範例檔指定的題幹欄位、正確選項（答案）欄位、選項欄位，其它欄位則是選填（可不填），編輯完

成並存檔之後，即可利用前述相同的方式，應用於 Excel 隨堂測驗（如圖 5-63）。

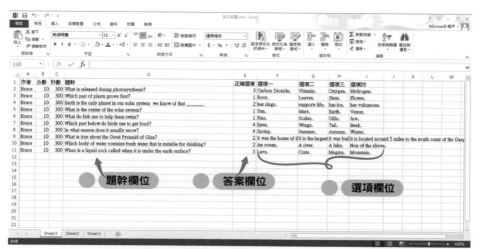

圖5-63 複製與貼上試題內容到指定題幹欄位

第四節 智慧評量模組設計

　　TEAM Model 系統學習評量數位化工具之功能具有以下十二項：1. 教師端 HiTeach 5 同步推送模組；2. 教師端 HiTeach 5 同步互動模組；3. 教師端 HiTeach 5 同步任務模組；4. 教師端 HiTeach 5 同步測驗模組；5. 學生端 Web IRS 即時反饋；6. 學生端 AClass ONE 作業、任務、測驗；7. 學生端 AClass ONE 線上自主學習；8. 學生端 AClass ONE 錯題練習、補救、雲平台；9. 雲平台 IES 課綱教材題庫共備；10. 雲平台 IES 管理作業、任務、測驗；11. 雲平台 IES 卷卡合一閱卷系統；12. 雲平台 IES 成績計算與學習評量分析。本節次以 TEAM Model 系統為例，說明數位化學習評量模組的功能設計。透過實際設計案例與畫面，可以更清晰評估數位化學習評量的應用需求，以及如何從傳統到數位，從數位化到數位轉型，進而實現學習評量之典範移轉（吳權威，2021）。

一、教師端HiTeach 5同步推送模組

教師端 HiTeach 5 同步推送教學模組是數位化教材傳送功能。負責將教材（素材）即時將多元評量任務推送給學生端 Web IRS 即時反饋 App，並能根據學生的數據反饋，差異化推送評量任務，例如根據組別、選項、對錯等，實施差異化評量。

二、教師端HiTeach 5同步互動模組

教師端 HiTeach 5 同步互動學習評量模組是提問與回應功能，教師提問與學生同步回答之簡易學習評量功能（模組畫面如圖 5-64）。提問型態包括單選、複選、是非、填充和搶權等。學生透過學生端 Web IRS 即時反饋 App 回答問題後，教學模組會自動收集所有學生答案、自動批閱、統計成績、顯示統計圖等。同步互動教學模組也可稱為即時學習評量工具，可以隨時評估學習情況，並可同步高效進行提問、反饋、追問、說明等深度追問之同步互動課堂。

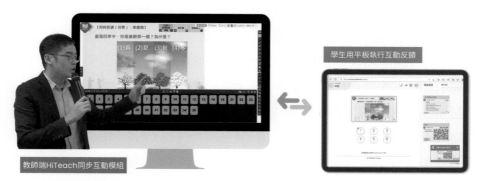

圖5-64 同步互動模組

常用學習評量工具包括試卷評量、作業評量、口試評量、實作評量、自評、互評、報告評量、發表評量、檔案評量等。設計學習評量數位化首先要能將前述學習評量工具，透過適當的數位化設計，提高學習評量效

能，減輕學習評量工作負擔。再進一步，發展出具有數位轉型，甚至達到典範移轉價值的新一代學習評量工具。

三、教師端HiTeach 5同步任務模組

　　教師端 HiTeach 5 同步任務學習評量模組是數位化多元評量任務功能（模組畫面如圖 5-65），請學生根據任務要求（例如學習單），完成學習評量任務。任務類型可分為圖片、聲音、多媒體檔案等多元型態，透過任務分類可以協助教師快速彙整、比較、分析全班完成評量任務的內容。教師端啟動學習評量任務時，會自動同步到學生端 Web IRS 即時反饋 App 上，全班學生在完成與遞交任務過程中，教師端作品收集視窗可以即時掌握每一小組或每一位學生的完成進度，並能依照時序、座號或分組方式，來挑選作品進行觀摩、比較、互評、表揚、批註、解說或分享等活動。

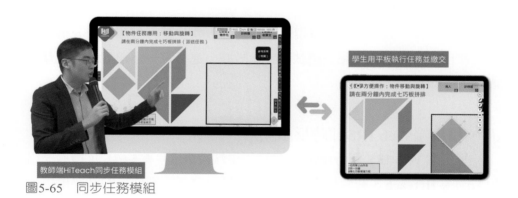

圖5-65　同步任務模組

四、教師端HiTeach 5同步測驗模組

　　教師端 HiTeach 5 同步測驗學習評量模組是數位化多媒體試卷型態之測驗功能（模組畫面如圖 5-66），教師端啟動測驗模式時，只要從試卷庫中挑選要進行同步測驗試卷，試卷就會自動推送到學生端 Web IRS 即時反饋 App 上。

圖5-66　同步測驗模組

　　全班學生在答題過程中，教師端作答進度表上會顯示每一位學生的作答進度，當教師端按下結束測驗鈕，HiTeach 5 評量模組會自動批改、產出學習評量之得分率、分布圖和得分表等摘要統計圖，其中得分表包括單選題、複選題、是非題、填充題和題組等各題得分和總分。同時，學生端也會收到得分與批改結果。

　　除此之外，教師端立即呈現逐題答對率、學生總得分和成績分析圖，以及產出互動評講所需每一道試題評量數據，進行每一道題目的即時互動評量。

五、學生端Web IRS即時反饋App

　　學生端 Web IRS 即時反饋 App 是學生端裝置（如圖 5-67），透過網路與教師端 HiTeach 5 智慧教學系統連線，是學習評量數位化的必要模組。Web IRS 是網頁型態 App，可使用於手機、平板或筆記本電腦等可以使用瀏覽器的智能終端設備。

　　學生端 Web IRS 即時反饋 App 會根據教師端發起的學習評量類型，自動跟隨互動、任務或測驗頁面，引導學生進行相應的學習評量活動。同時，也會自動保留課堂歷程，以利學生隨時瀏覽檢視教師端推送的學習教材、學習任務和課堂筆記等。

圖5-67　學生端Web IRS即時反饋App

六、學生端AClass ONE作業、任務、測驗

　　學生端 AClass ONE（請掃描圖 5-68）是課後選生使用的非同步學習評量工具，也是網頁型態 App，可以輔助教師將教學活動從課堂延伸到課後學習。讓學生透過平板、電腦或手機等行動裝置（圖 5-69），完成由學校教師所指定的學習評量作業、學習評量任務和測驗活動等。

圖5-68　AClass　ONE智慧學伴

圖5-69　學生端AClass ONE智慧學伴

七、學生端AClass ONE線上自主學習

　　除了完成學習評量任務，學生端 AClass ONE 也是自主學習入口（圖5-70），可完成學校課程學習內容，也能自主學習加深、加廣課程內容（例如觀看影片、電子教材、評量練習等）。

八、學生端AClass ONE錯題練習與補救

　　學習評量歷程所產生的所有數據，會自動傳送到 AClass ONE，讓學生隨時查看評量結果、對／錯題數、錯題解析以及補救資源，並可再進行錯題練習（如圖 5-71），讓學生可以精準複習，以提高學習成就。

九、雲平台IES課綱教材題庫共備

　　在以學校為單位的雲平台 IES 中，可以建立屬於這所學校的教師帳號、學生帳號、班級名單、學科、課程、課綱和教材等教學與學習等所需資源。雲平台 IES 共備課綱、共備教材、共備題庫之雲平台畫面顯示如圖5-72、圖 5-73 和圖 5-74。應用課綱功能可以建立課程、教材、題庫之系統性脈絡與結構，幫助教師團隊根據課綱結構來共備學科教材、題庫，共享教學資源。

圖5-70　學生端AClass ONE自主學習

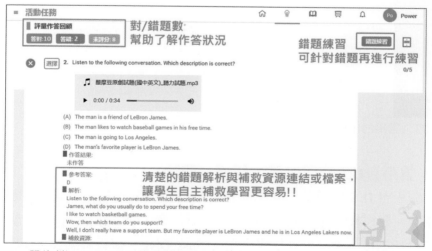

圖5-71　學生端AClass ONE錯題練習

圖5-72　雲平台IES共備課綱

圖5-73　雲平台IES共備教材

十、雲平台IES管理作業、任務、測驗

雲平台 IES 是學習評量管理平台（如圖 5-75），也是學習評量數據匯流平台。學校教師在雲平台布置學習評量作業、學習評量任務以及學習評量測驗活動後，會自動通知學生端 AClass ONE。學校教師在雲平台 IES

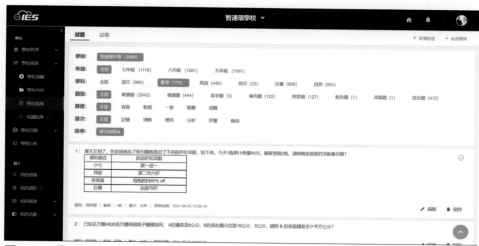

圖5-74　雲平台IES共備題庫

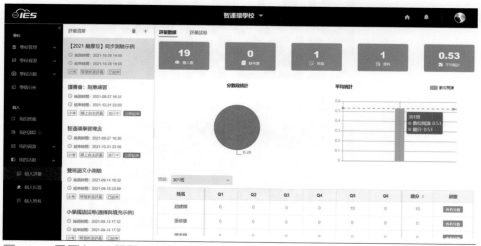

圖5-75　雲平台IES學習評量管理

也可以隨時管理掌握學習評量活動進度、批閱指導、計算成績，查閱學習評量歷程數據等。

十一、雲平台IES卷卡合一閱卷系統

　　雲平台 IES「卷卡合一閱卷系統」（掃描圖 5-76）是將紙本評量數位化的工具（如圖 5-77 之示意圖），在雲平台 IES 建立各學科題庫可以應用組卷功能，自動生成試卷，並可直接列印答題卷、答題卡，簡化命題、組卷、製卷、閱卷等繁瑣的學習評量作業流程。在雲平台 IES 建立多媒體題庫與試卷，具有累積資源、重複利用的優點。雲平台 IES 題庫組卷，有三種組卷功能包括：1. 智慧組卷：系統從題庫當中依照科目、難易度、題型進行智慧組卷。2. 挑題組卷：教師自己運用題庫系統挑選題目組合成考卷。3. 導題組卷：直接使用 Word 直接進行編題，並匯入雲端試卷。

圖5-76　QR code_卷卡合一閱卷系統

十二、雲平台IES成績計算與學習評量分析

　　學習評量數位化設計最重要的工程是完成自動匯流、自動分析所有學習評量數據。雲平台 IES 成績計算與學習評量分析包括成績計算、學科評

圖5-77　雲平台IES「卷卡合一閱卷系統」示意圖

量數據分析、學年評量數據分析、班級評量數據分析、跨班學習評量數據分析、跨科學習評量數據分析、歷次學習評量數據分析、得分率統計（如圖 5-78）等，提供整體、完善的學生學習成果數據化分析。

據此，教師宜研究學生在各學科學習成效、知識點強弱、學習力分布與穩定度（如圖 5-79）等，為不同班級、個別學生提供差異化教學輔導策略。除此之外，亦可優化教學過程，更有效地達成教學目標，提高教學效能。學習評量數位化是系統性工程，要能涵蓋多種學習評量類型及多元學習評量需求。前述以 TEAM Model 系統為例，具體說明了學習評量數位化設計的實施功能，可以更直觀地認識學習評量數位化設計的理念與實踐。

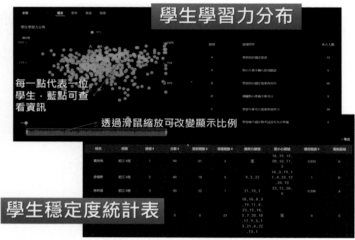

圖5-78　雲平台IES得分率統計

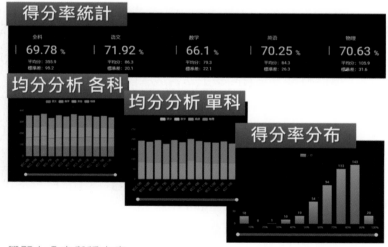

圖5-79　學習力分布與穩定度

第六章

智慧化診斷與補救及應用案例

　　當前資訊科技相當發達，學習診斷測驗最好能結合資訊科技，發展電腦化適性學習診斷測驗，精確評量學生在每一個單元學習狀況，以利教師更能迅速了解學生學習的困難或盲點，然後針對學習單元錯誤概念的學生，適性化地進行不同的補救教學，確實發揮因材施教的功效（吳清山，2011）。在實際應用的診斷報告中最重要的部分，就是學生對於基本學習內容及能力指標的學習狀況，各科都將基本學習內容分為數個面向，各面向都包含數個能力指標，系統回饋會給予不同的符號表示學生目前的程度。而補救教學的教師應該從「待加強」此項能力及相關內容予以補救（蕭嘉偉，2014）。而有效的診斷測量工具能更有效率地知道學生學習弱點，提供個人化學習路徑，因此能有效改善學生學習與教師教學效能（立報，2019）。然而，良好的教學是在過程中透過反饋功能，讓教師更能立即掌握學習反應，不再是等課程結束後才進行評估或補救，而是即時調整後續的教學活動，以符應學習狀況。更重要的是學生於課後可以進行錯題補救，查看評量記錄、個人診斷分析報告、電子筆記等，達到學生自主學習、精準複習的目的（網奕資訊，2022c）。有鑑於此，為能進行精準學習診斷與錯題補救，須建立於良好的命題與題庫平台，再加上科學化學情分析系統，以提供整體學生學習成果的數據化分析功能。在以下節次中將分別針對題庫建置與命題雙向細目分析、試卷分析工具應用舉例、學習評量的「學情分析與分析工具」、雲平台 Aclass ONE 重點複習與錯題補救加以說明。

第一節　雲平台題庫建置與命題雙向細目分析

　　傳統評量命題作業工作量特別大，負責命題教師要完成試卷編輯、雙向細目分析表、答案卡、解答卷（如圖6-1）等定期評量相關文件，常常需要 1~2 週時間才能完成定期評量命題工作。在雲平台 IES 建立題庫與試卷，可以讓數位化學習評量作業更為便捷、高效能。建立雲平台題庫資源，能使學習評量相關作業包括命題、組卷、試題分析、試卷製作、學習評量、數據分析、學習歷程，精準複習、補救學習等形成半自動化，甚至全自動化之數位化學習評量環境。接續，本節次以醍摩豆雲平台 IES 為例，說明建立試題、建立試卷、試卷分析、雙向細目分析表以及 Word 試卷編輯與導題組卷的數位化評量應用舉例（吳權威，2022e）。

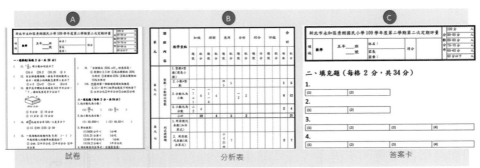

圖6-1　傳統評量命題作業項目（以新北市秀朗國小為例）

一、建立試題與建立試卷

(一)建立試題

　　在醍摩豆雲平台 IES 可以建立完善的多媒體試題和試題屬性（如圖 6-2）。以單選題為例，試題內容和屬性包括試題難度（A）、認知層次（B）、知識點（C）、題型（D）、題幹（E）、選項（F）、答案（G）和解析（H）。比較傳統 Word 試題和雲平台 IES 建立試題之最大差異，在於後者可以建立試題庫可以重複使用、累計學習評量數據的試題資料

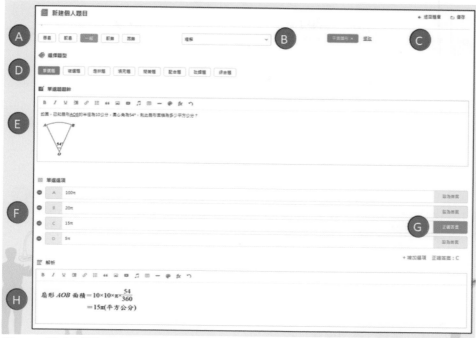

圖6-2　建立試題

庫。教師在雲平台 IES 編輯試題，全校共編試題庫和共享試題庫，學校端可以快速累積題庫資源。

㈡ 建立試卷

　　從題庫中挑選試題組合成試卷就可以進行多種數位化學習評量活動，例如：智慧教室學習評量、線上自主學習評量，以及卷卡合一閱卷評量。醍摩豆雲平台 IES 建立試卷有三種方式，分別是智慧組卷、導題組卷和挑題組卷。智慧組卷方式可設定題型、難度、知識點、題數等條件，系統根據條件設定自動組合試卷。導題組卷是使用 Word 來編輯試卷，再導入雲平台 IES 中。挑題組卷是由操作者自行挑選試題，圖 6-3 就是挑題組卷畫面，操作者輸入試卷名稱（A）、設定總分（B）、篩選來源、題型、難

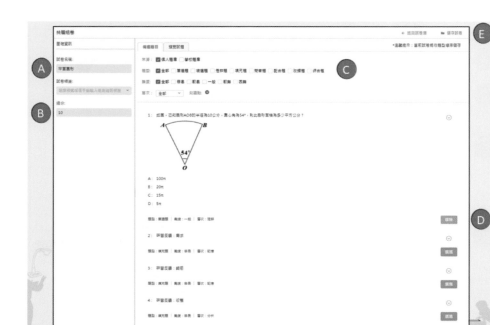

圖6-3　建立試卷（挑題組卷）

度、認知層次、知識點（C）、選擇試題（E）、儲存試卷（E）等。在雲平台 IES 上建立豐富試題庫之後，就能便利地組合出各類評量需求的試卷。

(三)試卷分析與雙向細目分析表

製作完成試卷後，雲平台 IES 會自動呈現試題分析和雙向細目分析表。雙向細目分析表（如圖 6-4）分析認知層次（A）和知識點（B）交叉關係，更直觀的呈現試題和配分（C），以及知識點分布和認知層次分布。至於圖 6-5 則是雲平台 IES 自動呈現的題型（A）、主客觀（B）、難度（C）、知識點（D）等試卷分析圓餅圖。

讀寫評量：＜在烘手機下探索科學樂趣＞

試卷雙向細目分析表　　　　　　　　　　　　　　　　　　　　　　　　　　提示：a（b）a=數量 b=配分

知識點	記憶	理解	應用	分析	評鑑	創造	合計
讀（策）		1.0（1）					1.0（1）
讀（一）寫		1.0（3）					1.0（3）
讀（二）		2.0（2）					2.0（2）
讀（三）				1.0（1）			1.0（1）
讀（四）				1.0（1）			1.0（1）
讀（四）寫			1.0（3）	1.0（3）			2.0（6）
未歸類							0.0（0）
合計		4.0（6.0）	1.0（3.0）	3.0（5.0）			8.0（14）

圖6-4　雙向細目分析表

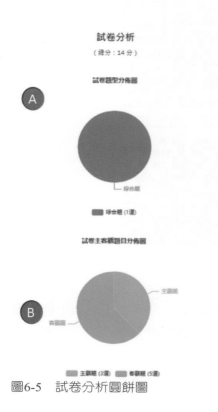

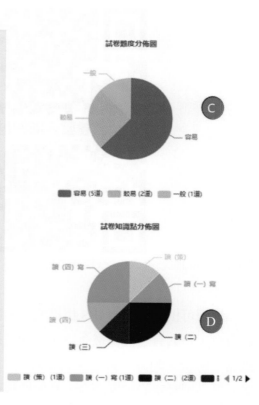

圖6-5　試卷分析圓餅圖

二、Word試卷編輯與導題組卷

㈠Word試卷編輯

Word 是大多數教師熟悉的試卷編輯工具，醍摩豆雲平台 IES 支持使用 Word 來編輯試題，只需在試題中設定編題規則標籤命令（tag），再使用雲平台 IES 導題組卷功能，自動剖析出試卷中每一道試題。詳細的 Word 試題導入檔編輯技巧與導入（匯入）IES 的操作，請參考 IES 試卷導題組卷之 Word 試卷導入檔編輯操作手冊（掃描圖 6-6）。

圖6-6　Word試卷匯入IES快速建立線上試卷

教師可根據雲平台 IES 提供的【編題規則】，在每一道試題中插入標籤命令，一共有七種標籤命令，包括題型（包含題幹及選項）、答案、知識點、解析、配分、難度、認知層次，以大括弧｛ ｝識別，「題型和答案」是必須設定的標籤命令，其他標籤命令沒有一定要設定。例如：

｛是非題｝9月28日是教師節？
｛答案｝是

選擇題選項標籤命令爲「英文字母＋點」，不必再加上括號｛　｝例如：A·B·C··。

若爲綜合題（題組）需於題組最前面和最後面分別加上｛綜合題｝及｛綜合題結束｝。布魯姆【認知層次】的標籤命令爲｛記憶｝｛理解｝｛應用｝｛分析｝｛評鑑｝｛創造｝，用來設定試題的層次，藉此分析評量試卷之低階思維和高階思維分布情況（如圖6-7）。

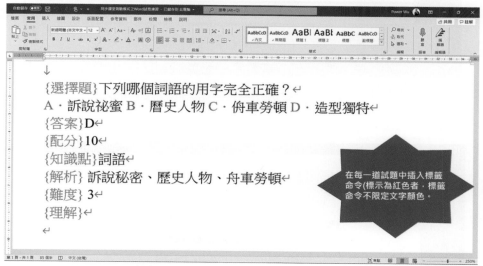

圖6-7　Word編輯試卷畫面

（二）導題組卷

醍摩豆雲平台 IES 導題組卷功能在上傳試卷後就能完成導題組卷作業，同時也會將試卷中所有試題，分別放入題庫中。導題組卷操作步驟如下：

1. 步驟一：選擇個人題庫，再選擇試卷標籤，然後選擇右上角的導題組卷功能（如圖6-8）。
2. 步驟二：在導題組卷畫面（如圖6-9）輸入試卷名稱和試卷總分，接著

圖6-8　導題組卷功能畫面

圖6-9　上傳試卷功能畫面

　　選擇上傳圖示鈕，最後選擇前面完成 Word 檔案，就能完成上傳作業
（上傳鈕下方的 Word 範本、Excel 範本和詳細說明，可供下載參閱）。

3.步驟三：在預覽試題畫面（如圖 6-10）上可以查看試題配分、試卷分析

圖6-10　預覽試題畫面

等功能，也可使用新建試題功能編輯新試題，確定試卷內容後選擇儲存
試卷鈕，就可完成導題組卷作業。而新增試卷畫面，如圖 6-11 所示。

圖6-11　顯示新增試卷畫面

(三) 素養導向評量示例

　　Word 導題組卷和結合 HiTeach 5 實施數位化學習評量之方法，可以在原來 Word 試卷基礎上設定標籤命令，即可以轉換為數位化學習評量試題。為實踐 108 課綱的遠景與理念，教育部積極開發素養導向學習評量工具。例如，陳欣希教授所指導的教學團隊，便累積豐富的素養導向學習評量資源，並無私分享在部落格，讓更多教師學習與引用。其中，陳教授也建立了素養導向多元評量 IES 智慧評量示例，包括文本、文本分析、IES 讀寫評量示例等，請參閱陳欣希教授思考泡泡部落格（如圖 6-12）之讀寫評量：《在烘手機下探索科學樂趣》資源，並參考 HiTeach 5 素養導向評量示例的寶貴經驗。

圖6-12　思考泡泡部落格之IES智慧評量示例

第二節　試題分析工具應用舉例

　　學習評量數位化可以生成大量評量數據，可利用試題分析工具更精準、高效地分析學習評量數據，進而優化試題設計品質，提高學習評量與學習診斷分析的效能。以下以醍摩豆智慧教學平台為例（圖 6-13，玉山

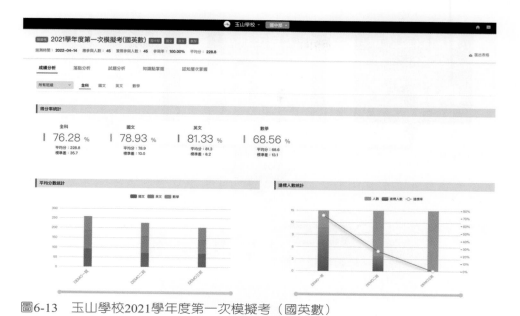

圖6-13　玉山學校2021學年度第一次模擬考（國英數）

學校 2021 學年度第一次國英數模擬考），結合教育理論與應用實務，說明使用醍摩豆系統進行學習評量（智慧教室評量、卷卡合一評量或自主學習評量），自動產出學習評量數據之後，如何應用試題分析工具（如圖 6-14，評量數據與試題分析工具），包括試題落點分析工具、試題難度分析工具以及試題地位分析工具等（吳權威，2023a）。

一、試題落點分析工具

　　試題落點分析圖是博拉圖評量學情分析系統根據穩定度（試題注意係數，Caution Index for items）所繪製的試題落點圖，每一個點來代表一道試題。根據學習評量數據計算出每一道試題的穩定度，數值介於 0~1 之間，數值越接近零越爲穩定，反之則越不穩定。試題落點分析圖區分爲四個區塊，分別是 A、A'、B、B' 等四區，落在 A 區的試題，代表試題相當適當，可以用來區分學生的不同，落在 A' 區的試題，代表試題含有異質成分，需進行局部修正。落在 B 區的試題，代表試題較爲困難，適合區

圖6-14　評量數據與試題分析工具

分出高成就學生。落在 B' 區的試題，代表試題含有嚴重異質成分，應該刪除不用。以玉山學校 2021 學年度第一次模擬考（國英數）為例，打開學情分析視窗，選擇試題分析標籤，再選擇學科鈕，就會顯示該學科的試題落點分析頁面（如圖 6-15）。

　　教師在檢視學科試題落點分析頁面時，需要掌握以下重點：

㈠快速查看試題品質：查看試題落點分析圖，可以快速掌握這份試卷的試題品質（穩定度），以圖 6-15 為例，試題穩定度落在 A 區和 A' 區，沒有出現在 B 區和 B' 區的試題，可初步判斷這份試卷的整體命題品質比較良好，沒有太大問題。

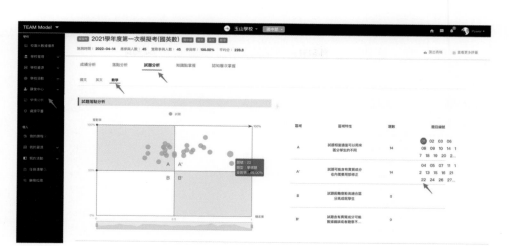

圖6-15　試題落點分析頁面

㈡快速連結試題難度分析數據：試題落點分析頁面是類似儀表板的互動式
　頁面，只要在試題落點分析圖中，點選想要查閱的試題編號或落點，就
　會自動顯示這道試題的試題難度分析頁面。在試題分析頁面中，除了試
　題落點分析外，還包含年級單題得分率統計、試題分析總表、試題得分
　率表，說明如下：

1.年級單題得分率統計：可以用來比較單一試題在各班級的得分率（如圖
　6-16）。

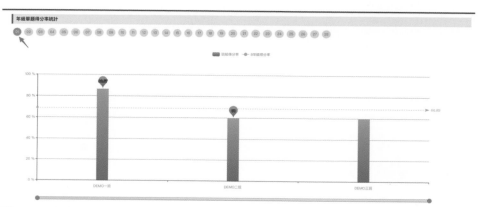

圖6-16　年級單題得分率統計

2.試題分析總表：可以查看每一道試題的題型、知識點、落點區域、配分、難易度、鑑別度、R1-R6 的得分率（如圖 6-17）。

試題分析總表

*R1-R6:成就區分組　　匯出表格

題號	題型	知識點	落點區域	配分	難易度	鑑別度	R1	R2	R3	R4	R5	R6
1	單選題	正負數的乘除	A	3	0.75	0.33	100%	83%	73%	55%	67%	50%
2	單選題	指數記法與科學記號	A	3	0.63	0.58	100%	83%	73%	64%	50%	17%
3	單選題	機率	A	3	0.58	0.67	100%	83%	73%	91%	50%	0%
4	單選題	根式的運算	A'	3	0.75	0.50	100%	100%	64%	64%	50%	50%
5	單選題	平行四邊形	A'	3	0.83	0.33	100%	100%	64%	82%	67%	67%
6	單選題	正負數的加減	A	3	0.71	0.42	100%	83%	82%	55%	83%	17%
7	單選題	多項式的乘除	A'	3	0.71	0.25	80%	83%	82%	64%	67%	50%
8	單選題	質因數分解	A	3	0.63	0.58	100%	83%	64%	55%	50%	17%
9	單選題	直角坐標平面	A	3	0.83	0.33	100%	100%	91%	46%	50%	67%
10	單選題	配方法與公式解	A	3	0.71	0.42	100%	83%	91%	73%	67%	33%

共 28 條　< 1 2 3 >　10 條/頁

圖6-17　試題分析總表

3.試題得分率表：可以查看每一道試題的高分組得分率、低分組得分率、全學年得分率、每一班得分率（如圖 6-18）。此外，匯出表格功能可以把評量數據下載為 Excel 表格，以便進一步統計與分析（如圖 6-19）。

試題得分率表

*組織:得分率　　匯出表格

題號	高分組	低分組	得分率	DEMO一班	DEMO二班	DEMO三班
1	92%	58%	69%	87%	60%	60%
2	92%	33%	64%	80%	60%	53%
3	92%	25%	69%	73%	93%	40%
4	100%	50%	69%	80%	73%	53%
5	100%	67%	78%	80%	80%	73%
6	92%	50%	69%	73%	80%	53%
7	83%	58%	71%	80%	67%	67%
8	92%	33%	60%	73%	80%	47%
9	100%	67%	76%	73%	73%	80%
10	92%	50%	76%	73%	87%	67%

共 28 條　< 1 2 3 >　10 條/頁

圖6-18　試題得分率表

題號	題型	知識點	落點區域	配分	難易度	鑑別度	R1	R2	R3	R4	R5	R6
1	single	語法	A'	2	0.79	0.417	1	1	0.909	0.545	0.667	0.5
2	single	語意	A	2	0.79	0.417	1	1	0.909	0.5	0.667	
3	single	文意判斷	A'	2	0.92	0.167	1	1	0.909	1	0.667	1
4	single	文意	A	2	0.88	0.25	1	1	0.909	1	0.833	0.667
5	single	成語應用	A	2	0.88	0.25	1	1	0.909	1	1	0.5
6	single	文意理解能力	A'	2	0.83	0.333	1	1	0.909	0.455	0.5	
7	single	字音	A	2	0.75	0.5	1	1	0.818	0.667	0.333	
8	single	文意理解能力	A	2	0.96	0.083	1	1	0.909	1	0.833	
9	single	標點符號應用	A	2	0.88	0.25	1	1	0.909	1	0.5	
10	single	成語應用	A	2	0.79	0.417	1	1	0.909	1	0.5	
11	single	文意理解能力	A'	2	0.79	0.417	1	1	0.727	0.667	0.5	
12	single	文意理解能力	A	2	0.79	0.417	1	1	0.909	0.545	0.667	0.5
13	single	字形	A	2	0.71	0.583	1	1	0.909	0.167	0.667	
14	single	文意理解能力	A	2	0.79	0.417	1	1	1	1	0.167	
15	single	文意理解能力	A'	2	0.83	0.333	1	1	0.909	0.833	0.5	
16	single	句意解析	A'	2	0.88	0.25	1	1	0.909	0.455	0.5	
17	single	對聯應用	A'	2	0.71	-0.25	1	0.333	0.818	0.909	0.833	0.833
18	single	題辭,柬帖應用	A	2	0.88	0.25	1	1	0.909	0.667	0.833	
19	single	漢字形體的演變	A	2	0.63	0.584	0.8	1	0.909	0.545	0.333	0.333
20	single	文意理解能力	A'	2	0.54	0.083	0.4	0.667	1	0.818	0.5	
21	single	字義	A	2	0.63	-0.084	0.4	0.667	1	0.818	0.5	0.833
22	single	文意理解能力	A'	2	0.58	0	0.4	0.667	1	0.818	0.5	0.667
23	single	文意理解能力	A'	2	0.71	0.583	1	1	0.909	0.545	0.667	0.167
24	single	漢字形體的演變	A	2	0.88	0.25	1	1	0.909	1	0.5	

圖6-19　試題分析總表匯出Excel表格

二、試題難度分析工具

在試題分析頁面點選任一題目編號，或在落點分析圖上點選任一落點，就會自動連結跳轉到試題清單與資料分析頁面（如圖 6-20）。

圖6-20　試題清單與資料分析頁面

　　接著，往下捲動頁面就會顯示該試題的資料分析內容（如圖 6-21），以第 22 題為例，其資料分析內容如下：落點區域：A'；配分：3；難易度：0.71；鑑別度：0.42；正答率：0.689；高分組正答率：92%；低分組正答率：50%；R1 組：80%；R2 組：100%；R3 組：55%；R4 組：82%；R5 組：33%；R6 組：67%；選項 A：選答人數 6 人；選項 B：選答人數 31 人；選項 C：選答人數 4 人；選項 D：選答人數 4 人。

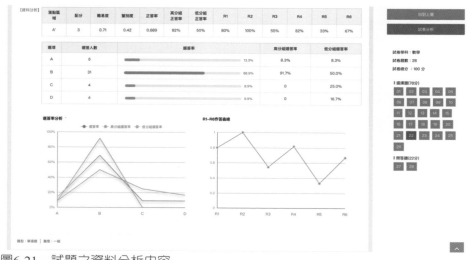

圖6-21　試題之資料分析內容

　　R1-R6 作答曲線分析圖可以補充難易度和鑑別度之不足，呈現從高分組至低分組的正答率變化（如圖 6-22：R1-R6 作答曲線分析比較圖）。圖 6-22-a 呈現下滑曲線，圖 6-22-b 呈現上下波動曲線，圖 6-22-c 呈現水平直線。以一個適當、鑑別度高的題目來說，R1-R6 的得分率應該會越來越低，同理（如圖 6-22-a），若 R4 的得分率遠高於 R1（如圖 6-22-b），則可能表示試題需要修正。

　　再根據圖 6-22 之試卷題號，製作出三個試題的試題落點分析比較圖，如圖 6-23，分別落點為 A 區、A'區和 A 區。透過圖 6-22、圖 6-23

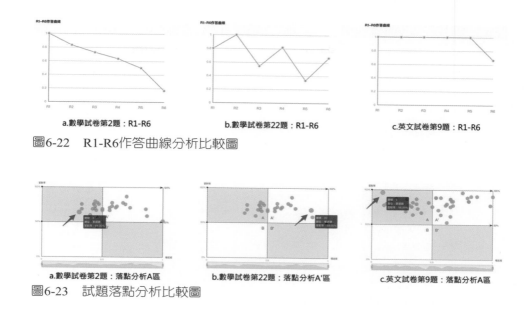

圖6-22　R1-R6作答曲線分析比較圖

圖6-23　試題落點分析比較圖

的比較示例，以說明交叉運用試題落點分析與 R1-R6 作答曲線分析這兩種一目了然的視覺化工具，來協助試題診斷與分析工作，可以有效提升試題分析的品質與效能。

三、試題地位分析

在醍摩豆雲教學平台中，可以選擇試卷分析鈕（如圖 6-24），隨時查看試題在雙向細目分析表（two-way specification table）架構藍圖中的評量地位，包括試題認知層次和試題知識點，以確定試題想要達到的評量目標（如圖 6-25）。學習評量數位化可以產出大量評量數據，而藉由上述試題分析工具，包括試題落點分析、試題難度分析和試題地位分析等數據化和可視化的試題分析工具，不但可以節省試題分析所花費的時間，更能提高試題分析品質。

圖6-24　選擇試卷分析鈕，打開試卷分析頁面

知識點	記憶	理解	應用	分析	評鑑	創造	合計
語法		1.0 (2.0)					1.0 (2.0)
語意		1.0 (2.0)					1.0 (2.0)
文意判斷		1.0 (2.0)					1.0 (2.0)
文意		1.0 (2.0)					1.0 (2.0)
成語應用		3.0 (6.0)					3.0 (6.0)
文意理解能力		31.0 (66.0)	1.0 (2.0)				32.0 (68.0)
字音	1.0 (2.0)						1.0 (2.0)
標點符號應用		1.0 (2.0)					1.0 (2.0)
字形		1.0 (2.0)					1.0 (2.0)
句意解析		1.0 (2.0)					1.0 (2.0)
對聯應用		1.0 (2.0)					1.0 (2.0)
題辭		0.5 (1.0)					0.5 (1.0)

‖ 雙向細目分析表　　　　　　　　　　　　　　　　　　　　　　提示：a (b) a–數量,b–配分

圖6-25　雙向細目分析表與試卷分析頁面

第三節　學情分析與學習分析工具應用舉例

一、學習評量的學情分析特點

　　「學情分析」指的是對學生在學習方面有何特點、學習方法為何、習慣如何、興趣如何，成績如何等。設計理念包括教學方法和學法指導，以及教學設想的分析。學情分析通常稱之為「教學對象分析」或「學生分析」，是為研究學生的實際需要、能力水平和認知傾向，為學習者設計教學，優化教學過程，更有效地達成教學目標，提高教學效率（MBA 智庫百科，2022）。針對學習評量的「學情分析」，能提供整體學生學習成果的數據化分析功能，可據此研究學生各科目的學習成效、知識點強弱等，為不同的班級、個別學生等提供差異化的教學輔導策略，優化教學過程，更有效地達成教學目標，提高教與學的效率。在現代「以學生為中心」的教學理念下，學情分析是重要的輔助應用工具，讓教師可以用對報告對症下藥，賦予成績單全新的意義。過往要獲得學情分析報告，通常只有在大型考試搭配閱卷系統的成績統計才會有這種報告，而「博拉圖評量學情分析系統」不限考試規模，只要是正式的測驗，包含智慧教室的數位化測驗，大小考都能產生報告。類似的考試、或是常態性的考試，更能產生橫向與縱向的對比分析（網奕資訊，2023d）。有關評量學情分析系統之特點如下：

(一) 依據學習診斷分析報告找出學生學情狀況

　　「診斷分析不再是醫生的專利，教師也可以用對報告對症下藥」，而在醫院門診時也常會看到醫生透過精密的醫療檢測器材所產生的報告，對病人做出診斷分析且對症下藥。在教學領域中教師也可以如同醫生一樣，利用評量數據進行數據決策，並可根據學習診斷分析報告來找出學生的學情狀況，針對不同學生提供有效的輔導策略，進行精準數據決策（如圖6-26）。

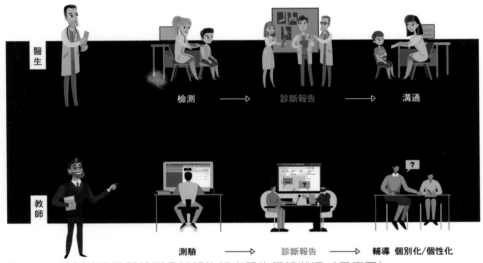

圖6-26　教師依據學習診斷分析報告找出學生學情狀況（示意圖）

㈡ 取得測驗結果的數據才能產出分析報告

　　要有診斷分析報告、學情分析，需要透過評量測驗的方式，取得測驗結果的數據才能產出分析報告，而評量測驗則需要有經過設計與管理的試題、試卷。過去，教師們在出題上往往會遇到相當多的挑戰，多以 Word 方式編輯試題，然後列印給學生測驗，一來試題無法被系統性累積與管理，不易被重複利用，二來測驗的結果，很難變成可做群體細部分析的數據。如今，透過 IES 5 智慧學校管理的學校題庫管理功能（如圖 6-27），學校團隊可以將教師們最常用的 Word 試卷編輯檔案，快速上傳轉化為雲端試題與試卷；試題也提供完整的篩選功能（依照年級、科目、題型、難易度、認知層次…等），迅速挑出想要的題目。此外，透過平台提供的多種組卷方式，例如手動挑題組卷、智慧組卷、導題組卷（如圖 6-28），能讓教師快速完成出題組卷，日積月累的題目越多，出卷資源就越豐富。

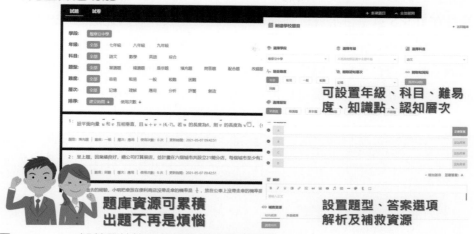

圖6-27　IES 5智慧學校管理的學校題庫管理功能

圖6-28　多元組卷方式

㈢ 教師在課程前、課中、課後皆可運用學情分析

　　透過 TEAM Model 的智慧教室與雲平台的多元運用，可將評量數據

歷程採集、並產生診斷分析報告。學情分析必須基於相對嚴謹的試題，以及完整的班級、學生資訊對應，測驗的結果才會有分析的意義，這個基礎條件在 IES 5 雲平台上就已經提供完備的功能設計。前述透過 IES 5 智慧學校管理的強大命題與組卷功能所產生的試卷，即可透過學校發起的評量測驗活動來進行多種測驗模式，無論是課間測、課後測或是紙本測、雲端測、紙本閱卷測，全部都可以運用學情分析（如圖 6-29）。

圖6-29　選擇評量類型與評量方式

二、學情分析數據來源的評量測驗模式

如前所述，評量測驗模式與數據的產生息息相關，而可作為學情分

析數據來源的評量測驗模式包括紙本考卷（卷卡合一）評量、智慧教室評量、線上自主評量（如圖 6-30），茲說明如下：

圖6-30　學情分析數據來源的評量測驗模式

㈠紙本考卷（卷卡合一）評量：直接使用紙本考卷測驗，並搭配閱卷系統進行客觀題自動批閱，主觀題線上批閱，成績報告自動生成。

㈡智慧教室評量：被選擇參與智慧教室評量模式的班級課程，在智慧教室上課時會收到通知，使用 HiTeach 5 智慧教學系統，讓學生運用 IRS 反饋機制進行同步、學生自主答題的測驗活動。學生終端若採用 Web IRS，題型可涵蓋填充、問答、計算等類型，而且學生以網路連線，在線上也可以參與。

㈢線上自主評量：學生利用 TEAM Model 雲平台的 AClass ONE 智慧學伴服務進行線上非同步測驗，只要可以上網並使用瀏覽器登入的裝置都可以使用，讓學生在限定的時間內完成測驗。

三、學情分析的數據圖表

㈠ 測驗結果一目瞭然

　　經由上述評量測驗模式所完成的測驗活動結束後，在 IES 5 平台的學情分析（也就是博拉圖學情分析系統）就會生成詳細的測驗結果分析圖表。歷次的測驗結果可以依週考、模擬考、段考等考試類型篩選，或者以年級、學科、學期快速找到對應的評量活動報告。每一個評量活動分析報告依據成績分析、落點分析、試題分析、知識點掌握、認知層次掌握等幾個類別詳列（如圖 6-31）。

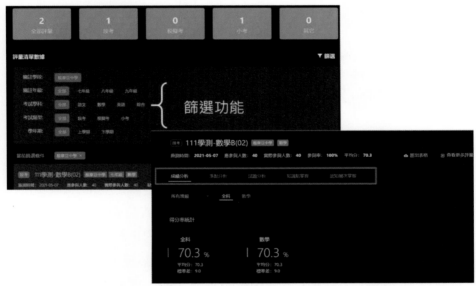

圖6-31　博拉圖測驗結果分析圖

㈡ 檢視各班級全科分析之差異分布

　　成績分析提供基本的統計數據，預設為所有班級、學生、全科的統計，包含全科與各科的均分、標準差、得分率等資訊，以及各班平均與達標率統計、學生達標情況統計（如圖 6-32）。在操作時，也可以單獨看某

一班的平均分析、得分率統計等結果，或者查看某一班單科的表現。總之，圖表選擇非常有彈性，可以快速掌握整體考情，無論從班級或科目的角度，都能夠快速了解、對比學生的不同學習狀況。

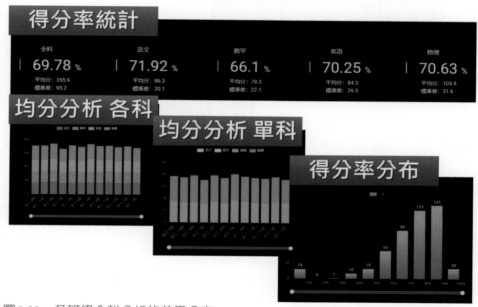

圖6-32　各班級全科分析的差異分布

㈢ 學校可自定義達標標準

學校可自定義所謂「達標」的標準，例如排名前 30%，藉此生成相關數據，來掌握各班級學生達標的狀況（如圖 6-33）。例如，要掌握各班有多少學生有條件申請繁星、或是有成績要求的獎學金，就可以透過這樣的分析方式一目瞭然。值得一提的是達標情況統計會依據學校所定義的達標標準來做學生成績的標記提示，綠色代表達標，藍色代表臨界，便於教師關注不同學習群的重點。

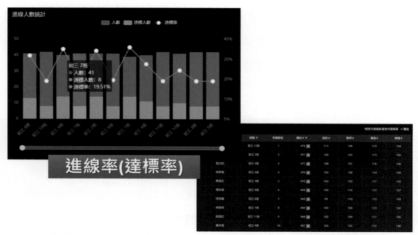

圖6-33　自行定義達標標準

㈣ 呈現知識點在試卷中的比重

一份考卷通常不會只考一個觀念，知識點分析讓教師掌握這份考卷實際測驗內容，看出分數背後的實質學習意義。知識點占比以圓餅圖、雷達圖呈現（如圖 6-34），清楚呈現出各知識點在該試卷中的比重。

㈤ 交互查看認知層次

從得分率關係表、錯題率關係表、知識點得分率統計等三張表交互查看（如圖 6-35），即可精準掌握學生對「每個單一知識點」的掌握程度。例如，知識點 A 得分率低，可以從錯題率表連結觀看該試題內容，再透過得分詳情檢視每個學生答題狀況。

㈥ 不同角色在學情分析上之運用

1. 班導師角色之運用

可檢視班級全科總平均、得分率分布，或是各單科數據資料。下拉可見全班成績報表，包含個人平均、PR 值等，直接匯出可整合成為班級成

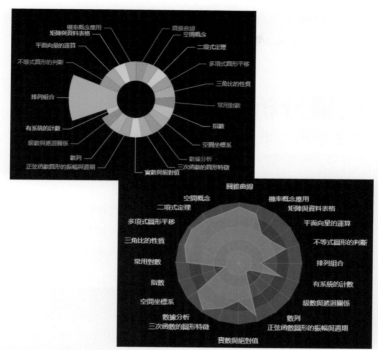

圖6-34　知識點在試卷中的比重

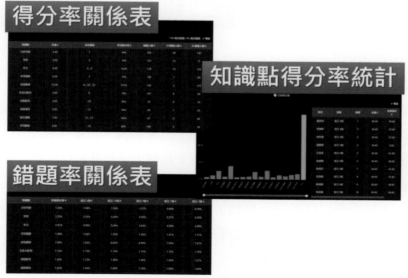

圖6-35　交互查看得分率關係表等三張表認知層次

績單；或是檢視班級學生與他班相比在得分率、進線率及達標率等各項數據上的比較分析（如圖 6-36）。

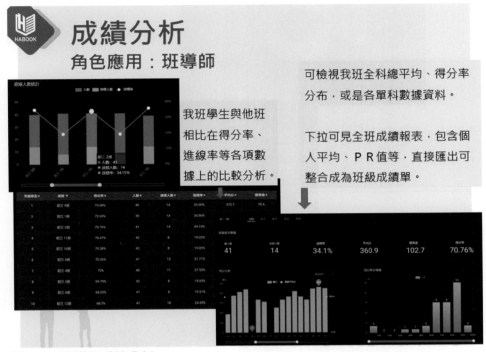

圖6-36　班導師成績分析

2. 出題教師角色之運用

透過試題落點分析可發現內有異質成分的試題（A' & B'）、或是從鑑別度判斷較有問題（鑑別度低）的試題，用來替換、修正不良試題，保存優質試題，讓該科目、單元的試題庫越來越強大（如圖 6-37）。

3. 科任教師角色之運用

可針對「多個班級同一學科」的數據進行統計分析、或是任教科目在不同任教班的平均分數、以及得分率分布，快速掌握各班級的學習情況（如圖 6-38）。

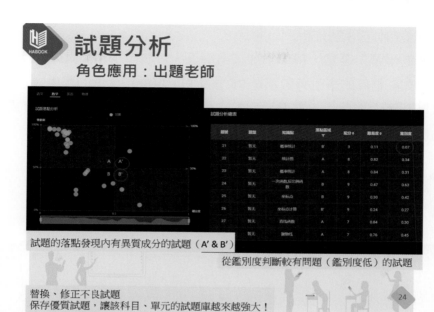

試題的落點發現內有異質成分的試題（A' & B'）

從鑑別度判斷較有問題（鑑別度低）的試題

替換、修正不良試題
保存優質試題，讓該科目、單元的試題庫越來越強大！

圖6-37　出題教師試題分析

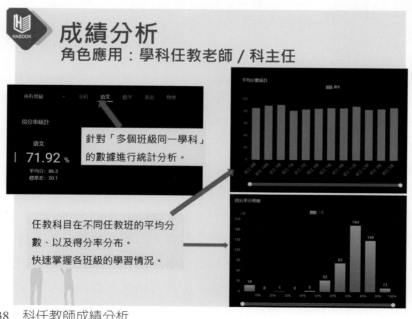

針對「多個班級同一學科」的數據進行統計分析。

任教科目在不同任教班的平均分數、以及得分率分布。
快速掌握各班級的學習情況。

圖6-38　科任教師成績分析

4. 科任教師之落點分析

　　透過學習力落點，精準掌握該為每班、每個孩子預備良好的學習策略。例如紅框區的學生分數都是 75 分左右，但穩定度低的學生（左側）代表其「實力在此」，需要增加知識量來提升表現，而穩定度高的學生（右側）代表其可能「被誤導」，需要學習答題技巧（如圖 6-39）。

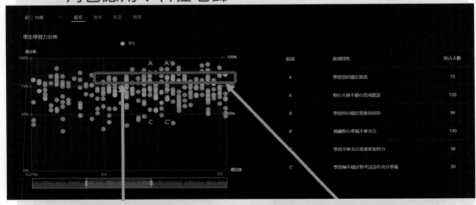

圖6-39　科任教師落點分析

四、學習分析工具應用舉例

　　學習評量數位化可以生成大量評量數據，再利用學習分析工具，包括成績分析、落點分析、知識點掌握和認知層次掌握等工具，分別對跨科、學科、班級、學生之學習情況（學情），進行精準、高效的學習情況（學情）分析。以下以醍摩豆智慧教學平台為例，結合教育理論與應用實務，

說明使用醍摩豆系統進行學習評量（智慧教室評量、卷卡合一評量或自主學習評量），自動產出學習評量數據之後，應用成績分析、學習落點分析、知識點掌握和認知層次掌握等學習分析工具的應用技巧，分析跨科、學科、班級與個別學生的學習情況，評量數據與學習分析工具之關係如圖6-40所示（吳權威，2023b）。以下針對成績分析、學習落點分析、知識點掌握和認知層次掌握四項學習分析工具加以說明：

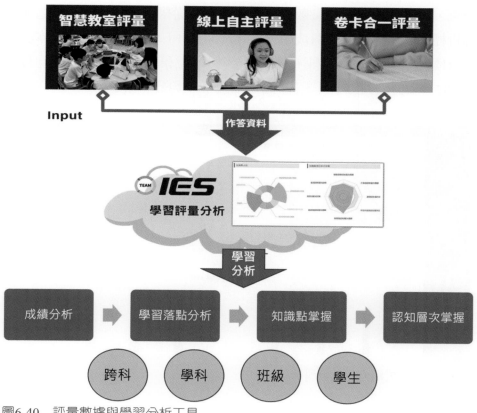

圖6-40　評量數據與學習分析工具

㈠成績分析

　　利用醍摩豆雲平台 IES 編制的評量試卷，就可以針對跨科、學科、

班級發布學習評量活動，評量方式為經過 HiTeach 5 智慧教室評量、卷卡合一評量或自主學習評量。評量結束後所有評量數據彙整到 IES，教師們針對不能自動批改的主觀題，進行批閱給分之後，就會自動產出成績數據和相關分析圖表，包括跨科成績分析、學科成績分析、班級成績分析等圖表。

1. 跨科成績分析

以玉山學校 2021 學年度第一次模擬考（國英數）為例，評量活動結束，自動產出學習評量數據之後，就可以從學情分析頁面，點選成績分析標籤，就會顯示跨科成績分析（如圖 6-41：跨科成績分析）。本次評量有國、英、數三個學科，三個班級共 45 位學生參加評量，總均分為228.82。並分別列出全科、各科之正答率、平均分、標準差。

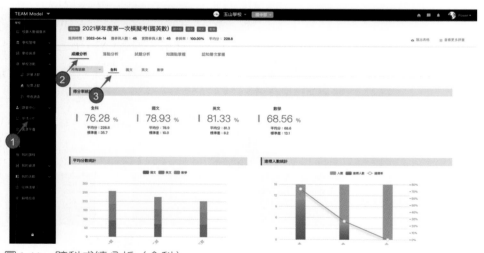

圖6-41　跨科成績分析（全科）

下方緊接著顯示平均分數統計圖、達標人數統計圖，以及跨科成績分析（全科）得分率分佈圖（如圖 6-42）、跨科成績分析（全科）各班平均與達標率統計表（如圖 6-43）、跨科成績分析（全科）達標情況統計表（如圖 6-44）。

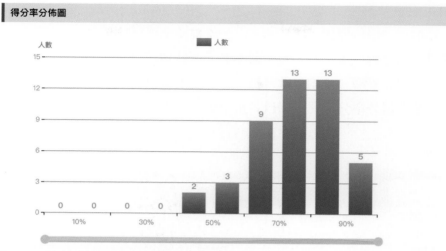

得分率分佈圖

圖6-42　跨科成績分析（全科）得分率分佈圖

各班平均與達標率統計

年級排名 ⇅	班級 ▽	得分率 ⇅	人數 ⇅	達標人數 ⇅	達標率 ⇅	平均分數 ⇅	標準差 ⇅
1	DEMO一班	86.16%	15	11	73.33%	258.5	18.2
2	DEMO二班	75.13%	15	4	26.87%	225.4	28.4
3	DEMO三班	67.53%	15	0	0.00%	202.6	33.1

共 3 條　〈　**1**　〉　10 條/頁 ∨

圖6-43　跨科成績分析（全科）各班平均與達標率統計表

達標情況統計

➚ 匯出表格

姓名	班級 ▽	年級排名	總分 ▽	國文 ⇅	英文 ⇅	數學 ⇅
黃台木	DEMO一班	1	292　圖表	93	100	99
陳毅和	DEMO一班	2	287　圖表	93	97	97
陳俊緯	DEMO一班	10	259　圖表	100	96	63
黃淑玲	DEMO一班	8	261　圖表	93	95	73
張孟勳	DEMO一班	8	261　圖表	93	85	83
蔡嘉諭	DEMO一班	13	250　圖表	93	79	78
陳郁婷	DEMO一班	3	283　圖表	96	96	91
林智芝	DEMO一班	11	256　圖表	93	95	68
方成珍	DEMO一班	18	240　圖表	86	94	60
張美玲	DEMO一班	5	281　圖表	87	94	100

共 45 條　〈　**1**　2　3　4　5　〉　10 條/頁 ∨

圖6-44　跨科成績分析（全科）達標情況統計表

2. 學科成績分析

點選單一學科標籤（例如國文），就會顯示單科成績分析，如圖 6-45（學科成績分析（國文）㈠）、圖 6-46（學科成績分析（國文）㈡），並列出學科之正答率、平均分數、標準差，下方緊接著顯示學科平均分數統計圖、學科得分率分佈圖、學科各班平均統計表和各科達標情況統計表。

圖6-45　學科成績分析（國文）㈠

各班平均統計

匯出表格

年級排名	班級	得分率	人數	平均分數	標準差
1	DEMO一班	93.13%	15	93.1	3.1
2	DEMO二班	73%	15	73.0	14.4
3	DEMO三班	70.67%	15	70.7	12.4

共 3 條　1　10 條/頁

達標情況統計

匯出表格

姓名	班級	年級排名	國文
黃台木	DEMO一班	1	93
陳毅和	DEMO一班	2	93
陳俊緯	DEMO一班	10	100
黃淑玲	DEMO一班	8	93
張孟勳	DEMO一班	8	93
曾嘉諭	DEMO一班	13	93
陳郁婷	DEMO一班	3	96
林智芝	DEMO一班	11	93
方成珍	DEMO一班	18	86

圖6-46　學科成績分析（國文）㈡

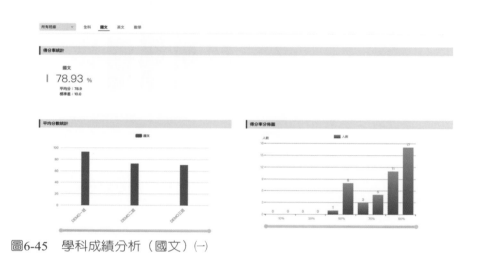

3. 班級成績分析

　　在成績分析頁面，點選單一班級標籤（例如一班），就會顯示全科班級基本資料，如圖 6-47（班級全科成績分析㈠）、圖 6-48（班級全科成績分析㈡ 排名統計），並列出班級總人數、班級達標人數、班級達標率、班級平均分數、班級標準差、班級得分率等，下方緊接著顯示班級平均分析圖、班級得分率分佈圖、以及班級排名統計表。

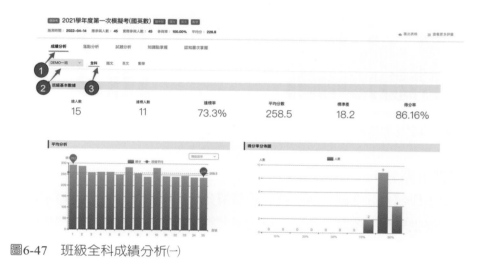

圖6-47　班級全科成績分析㈠

姓名	座號	總分	得分率	班級排名(PR排名)	年級排名(PR排名)
吳台木	1	292	97.33%	1（96）	1（96）
陳絚和	2	287	95.67%	2（90）	2（96）
陳俊緯	3	259	86.33%	7（56）	10（78）
黃淑玲	4	261	87.00%	5（70）	8（83）
張孟勳	5	261	87.00%	5（70）	8（83）
曾嘉諭	6	250	83.33%	9（43）	13（72）
陳梨婷	7	283	94.33%	3（83）	3（94）
林智芝	8	256	85.33%	8（50）	11（76）
方成珍	9	240	80.00%	13（16）	18（61）
張美玲	10	281	93.67%	4（76）	5（90）
陳淑真	31	243	81.00%	11（30）	15（67）
夏于倩	32	241	80.33%	12（23）	17（63）
魏陽仁	33	246	82.00%	10（36）	14（70）
王意原	34	239	79.67%	14（10）	19（58）
楊湘恬	35	238	79.33%	15（3）	20（56）

圖6-48　班級全科成績分析㈡（排名統計）

選擇單一學科時，可顯示該班級單一學科的基本數據、單一學科平均分析圖和單一學科得分率分佈圖等（如圖6-49）。

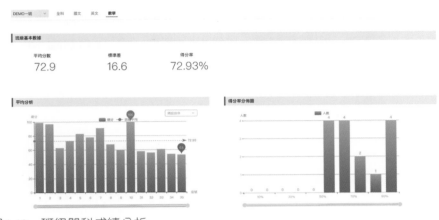

圖6-49　班級單科成績分析

㈡ 學習落點分析

學生學習力分佈圖是博拉圖評量學情分析系統根據學習評量穩定度所繪製的學生學習力落點分佈圖，根據學習評量數據計算出每一位學生的學習評量穩定度（學生注意係數，Caution Index for Students），每一個點代表一位學生，數值介於 0~1 之間，數值越接近零越爲穩定，反之則越不穩定。學生學習力落點分佈圖分爲六個區塊，分別是 A、A'、B、B'、C、C' 等六區，落在 A 區的學生，代表學習良好穩定度高，落在 A' 區的學生，代表粗心大意不細心造成錯誤，落在 B 區的學生，代表學習尙且穩定需要再用功，落在 B' 區的學生，代表偶爾粗心準備不夠充分，落在 C 區的學生，代表學習力不夠充分需要更加努力，落在 C' 區的學生，代表學習不穩定對考試沒有充分準備（如圖 6-50）。

以玉山學校 2021 學年度第一次模擬考（國英數）爲例，打開學情分析視窗，選擇落點分析標籤，再選擇班級、學科，就會顯示該學科的學生學習力分佈頁面（如圖 6-51）。

區域	區域特性
A	學習良好穩定度高
A'	粗心大意不細心造成錯誤
B	學習尚且穩定需要再用功
B'	偶爾粗心準備不夠充分
C	學習不夠充分需要更加努力
C'	學習不穩定對考試沒有充分準備

圖6-50　學習力穩定度區域特性

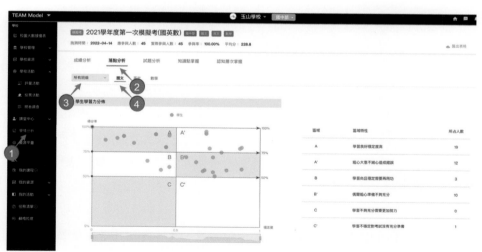

圖6-51　學生學習力分佈頁面

下方緊接著顯示學生穩定度統計表（如圖 6-52），表中會顯示每一位學生的得分率、落點區域、穩定程度、答對題數、答錯題數、應努力題號、需小心題號。例如座號 1 號的學生，應努力題號是 42 題，需小心題號是 16、45 題。在頁面中點選該題號，就會自動跳轉到該題之題目內容與相關資料分析。另外，選擇右上角之匯出表格，可以下載 Excel 表進一步研究與分析。

姓名	班級	座號	得分率	落點區域	穩定程度	答對題數	答錯題數	應努力題號	需小心題號
黃台木	DEMO一班	1	93.0 0%	A	0.38	45	3	42	16 ,45
陳毅和	DEMO一班	2	93.0 0%	A	0.38	45	3	42	16 ,45
陳俊緯	DEMO一班	3	100.0 0%	A	0.00	48		–	–
黃淑玲	DEMO一班	4	93.0 0%	A	0.38	45	3	42	16 ,45
張孟勳	DEMO一班	5	93.0 0%	A	0.38	45	3	42	16 ,45
曾嘉諭	DEMO一班	6	93.0 0%	A	0.38	45	3	42	16 ,45
陳郁婷	DEMO一班	7	96.0 0%	A'	0.68	46	2	–	19 ,25
林智芝	DEMO一班	8	93.0 0%	A	0.38	45	3	42	16 ,45
方成珍	DEMO一班	9	86.0 0%	A'	1.03	41	7	42	3 ,4 ,38 ,39 , 40 ,41
張美玲	DEMO一班	10	87.0 0%	A	0.08	43	5	42 ,46 ,47 ,48	44
陳淑真	DEMO一班	31	94.0 0%	A'	0.68	45	3	–	20 ,21 ,22
夏于倫	DEMO一班	32	94.0 0%	A'	0.68	45	3	–	20 ,21 ,22
魏翔仁	DEMO一班	33	94.0 0%	A'	0.68	45	3	–	20 ,21 ,22
王意原	DEMO一班	34	94.0 0%	A'	0.68	45	3	–	20 ,21 ,22
楊湘恬	DEMO一班	35	94.0 0%	A'	0.68	45	3	–	20 ,21 ,22

共 15 條　〈 1 〉　20 條/頁

圖6-52　學生穩定度統計表

透過三科的落點分析圖（如圖 6-53，國、英、數三科學生學習力分佈比較圖），可以快速比較科目之間的些微差異，例如數學科落點為 B' 的學生特別多，以及兩位學生落在 C' 區。

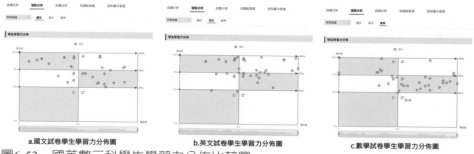

a.國文試卷學生學習力分佈圖　　b.英文試卷學生學習力分佈圖　　c.數學試卷學生學習力分佈圖

圖6-53　國英數三科學生學習力分佈比較圖

㈢知識點掌握

以玉山學校 2021 學年度第一次模擬考（國英數）為例，打開學情分析視窗，選擇知識點掌握標籤，再選擇班級、學科，就會顯示該學科的知識點掌握頁面（如圖 6-54）。

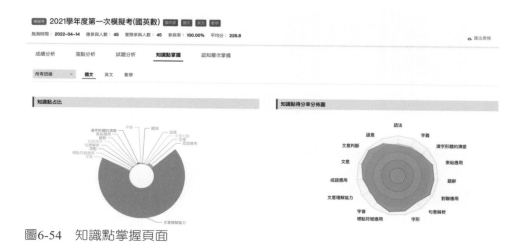

圖6-54　知識點掌握頁面

下方緊接著顯示知識點得分率關係表（如圖 6-55）、知識點得分率統計圖與知識點得分詳情表（如圖 6-56）、知識點錯誤率關係表（如圖 6-57）。

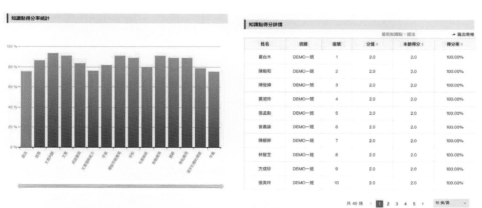

得分率關係表				
知識點	年級得分率	DEMO一班	DEMO二班	DEMO三班
語法	75.50%	100.00%	73.50%	53.50%
題意	86.50%	100.00%	66.50%	93.50%
文意判斷	93.50%	93.50%	93.50%	93.50%
文意	91.00%	93.50%	93.50%	86.50%
成語應用	83.67%	97.83%	84.50%	68.83%
文意理解能力	76.28%	92.84%	68.13%	67.84%
字音	82.00%	100.00%	80.00%	66.50%
標點符號應用	91.00%	100.00%	93.50%	80.00%
字形	89.00%	100.00%	86.50%	80.00%
句意解析	80.00%	60.00%	93.50%	86.50%

圖6-55　得分率關係表

圖6-56　知識點得分率統計與知識點得分詳情表

㈣ 認知層次掌握

　　以玉山學校 2021 學年度第一次模擬考（國英數）為例，打開學情分析視窗，選擇認知層次掌握標籤，再選擇班級、學科，就會顯示該學科的認知層次掌握頁面（如圖 6-58）。

　　下方緊接著顯示認知層次得分率關係表（如圖 6-59）、認知層次得分率統計圖與認知層次得分詳情表（如圖 6-60）、認知層次錯誤率關係表（如圖 6-61）。

錯題率關係表

* PH:高分組 / PL:低分組　　　▲ 匯出表格

知識點	分值	涉及題號	平均得分率	錯題人次	PH錯題人次	PL錯題人次
語法	2.00	1	75.50%	11	0	5
語意	2.00	2	86.50%	6	0	5
文意判斷	2.00	3	93.50%	3	0	2
文意	2.00	4	91.00%	4	0	3
成語應用	6.00	5 ,10 ,25	83.67%	22	1	15
文意理解能力	68.00	6 ,8 ,11 ,12 ,14 ,15 ,20 ,22 , 23 ,26 ,27 ,28 ,29 ,30 ,31 , 32 ,33 ,34 ,35 ,36 ,37 ,38 , 39 ,40 ,41 ,42 ,43 ,44 ,45 , 46 ,47 ,48	76.28%	331	22	175
字音	2.00	7	82.00%	8	0	6
標點符號應用	2.00	9	91.00%	4	0	3
字形	2.00	13	89.00%	5	0	5
句意解析	2.00	16	80.00%	9	6	2

共 15 條　< 1 2 >　10 條/頁 ∨

圖6-57　知識點錯誤率關係表

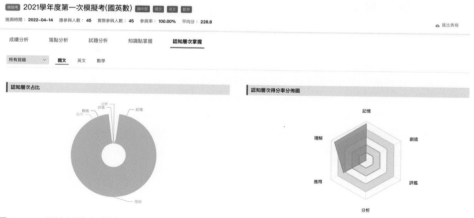

圖6-58　認知層次掌握頁面

　　綜上所述，學習評量數位化就能自動生成大量評量數據，而參考上述學習分析工具的應用舉例，就能初步掌握成績分析、落點分析、知識點掌握和認知層次掌握等學習分析工具的應用技巧。

得分率關係表

▲ 匯出表格

認知層次	年級得分率 ⇕	DEMO一班 ⇕	DEMO二班 ⇕	DEMO三班 ⇕
記憶	82.00%	100.00%	80.00%	66.50%
理解	79.00%	93.96%	73.41%	70.70%
應用	56.00%	46.50%	46.50%	73.50%
分析	0.00%	0.00%	0.00%	0.00%
評鑑	0.00%	0.00%	0.00%	0.00%
創造	0.00%	0.00%	0.00%	0.00%

共 6 條　◄ 1 ►　10 條/頁 ⌄

圖6-59　認知層次得分率關係表

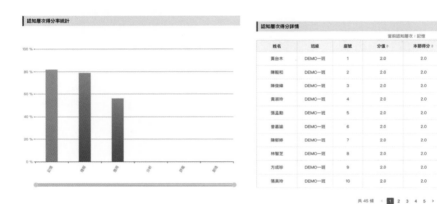

圖6-60　認知層次得分率統計圖與認知層次得分詳情表

錯題率關係表

* PH:高分組 / PL:低分組　▲ 匯出表格

認知層次	分值 ⇕	涉及題號	平均得分率 ⇕	錯題人次 ⇕	PH錯題人次 ⇕	PL錯題人次 ⇕
記憶	2.00	7	82.00%	8	0	6
理解	96.00	1 ,2 ,3 ,4 ,5 ,6 ,8 ,9 ,10 ,11 , 12 ,13 ,14 ,15 ,16 ,17 ,18 ,19 , 20 ,21 ,22 ,23 ,24 ,25 ,26 , 27 ,28 ,29 ,30 ,31 ,32 ,33 , 34 ,35 ,36 ,37 ,38 ,39 ,40 , 41 ,43 ,44 ,45 ,46 ,47 ,48	79.00%	414	29	229
應用	2.00	42	56.00%	20	6	9
分析	0.00		0.00%	0	0	0
評鑑	0.00		0.00%	0	0	0
創造	0.00		0.00%	0	0	0

共 6 條　◄ 1 ►　10 條/頁 ⌄

圖6-61　認知層次錯誤率關係表

第四節　雲平台Aclass ONE重點複習與錯題補救

　　AClass ONE 就是學生的智慧學伴，整合課堂教學（Offline）與線上學習（Online），時時提醒、即時鞏固，替每一位學生創造出無所不在的O2O 學習模式。醍摩豆雲平台的學生端 AClass ONE 智慧學伴服務是陪伴學生學習成長的好夥伴，輔助教師將教學活動從課堂中延伸到課後的線上學習。例如，提供線上的評量測驗、作業活動、投票活動以及問卷調查，讓學生運用平板、電腦或手機等行動裝置，就能隨時隨地進行測驗；完成教師指派的作業，線上繳交；查看教師課堂教學歷程的電子筆記，以及學生個人自主記錄的筆記與心得；針對課堂或線上測驗活動，自主錯題補救複習與練習等，讓學習不受限（如圖 6-62）。平台功能將持續發展包括更多翻轉課堂（自主學習）機制、學習診斷報告、電子紙條等應用，持續給學生最好的學習夥伴式支援（網奕資訊，2023e）。

老師課堂教學歷程電子筆記
學生紀錄的我的筆記
線上作業繳交
自主錯題補救複習與練習
線上評量測驗
投票活動
問卷調查

ONE
ONE
AClass ONE 智慧學伴

圖6-62　AClass ONE智慧學伴平台功能

　　學生登入 AClass ONE 後，活動任務清單一目瞭然，學生可清楚看到所有來自授課教師的作業、評量、投票、問卷等活動任務清單，以及活動是進行中或已結束的狀態（如圖 6-63），而智慧教室上課的歷程筆記、評

圖6-63　活動清單任務

量測驗結果等，也會提供給學生複習使用，學生自主學習管理很方便（網奕資訊，2023e）。以下針對重點複習（電子筆記與個人筆記）、檢視評量活動記錄及錯題練習加以說明：

一、「重點複習」—電子筆記與個人筆記

　　「重點複習」可以透過 AClass ONE 的電子筆記與個人筆記的使用；在生生用平板的環境下，於課堂上教師利用 HiTeach 5 或者 HiTeach 5 CC 與學生端 Web IRS 進行互動學習，教師可推送白板頁面、任務頁面、互動頁面到學生平板上，學生專心互動，並可在頁面上筆記重點和心得。HiTeach 5 課堂教學結合 Aclass ONE 課後複習，把麻煩工作交給機器自動完成。自動保存課堂互動學習記錄，包含課堂記錄（重現課堂）、電子筆記（白板教材）、我的筆記（心得重點）和課堂評量（錯題練習）以及課後精準複習（如圖 6-64）。

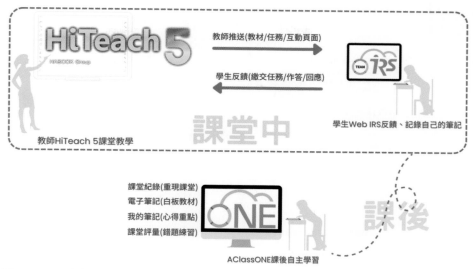

圖6-64　課堂教學+課後複習示意圖

㈠課堂的反饋、自主做的筆記亦可檢視

　　在課堂中教師可推送白板頁面、任務頁面、互動頁面到學生平板上，學生除了回應教師的要求的反饋資訊之外，也可自主在頁面上做自己的筆記重點和心得，而這些課堂歷程記錄都可以在 Aclass ONE 上檢視（如圖6-65）。

㈡筆記可線上檢視，亦可下載PDF檔

1. 我的筆記：參與學生在課堂中使用 Web IRS 自主寫下來的學習筆記。
2. 電子筆記：教師課堂教學在 HiTeach 5 或 HiTeach CC 進行互動課堂時，系統自動記錄教與學歷程的頁面。課後學生登入 Aclass ONE，選擇課堂記錄查看或下載電子筆記和我的筆記（如圖 6-66）。

　　有關「用 Web IRS 記錄的「我的筆記」與教師上課的「電子筆記」之執行細節，請掃描圖 6-67。

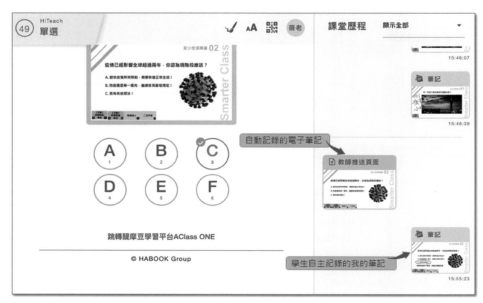

圖6-65　學生自主記錄筆記

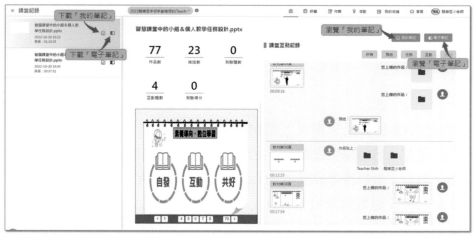

圖6-66　瀏覽我的筆記與下載電子筆記

二、檢視評量活動記錄

線上評量可以幫助教師將課堂教學活動延伸到課後，可能是課前預習

圖6-67　「我的筆記」與「電子筆記」之執行細節

的小測驗，也可能是課後的回家練習作業，目的都是幫助學生有更多的練習機會。教師和學校則能夠更多元地利用評量與分析的數據輔導學生上層樓，不論是教師個人發起的小考，或是跨多個班的模擬考，也都能在線上進行。Aclass ONE 線上自主評量具有「支援多種題型、支援多媒體檔案、圖片上傳功能、支援平板畫記作答、評量作答回顧、統計數據」等功能（如圖 6-68）。

圖6-68　線上自主評量功能

㈠支援多種題型呈現、作答進度清楚掌握

　　AClass ONE 智慧學伴的測驗題目支援多種題型，包括單選、多選、是非、填充、問答、連連看、題組等，題目能完整呈現在頁面上。同時，側邊欄則會動態呈現作答完成狀態，哪些題目已答，哪些題目未答，讓學生能清楚掌握自己的答題進度。

㈡多媒體影音編題、英語聽力測驗沒問題

　　英語測驗常見的聽力題與影片題，運用 AClass ONE 智慧學伴能更有效地讓學生測驗練習，有別於實體測驗的限制，自主重複播放音訊、影片，清楚理解題意後再作答（如圖 6-69），讓學生聽得清楚、學得更多。

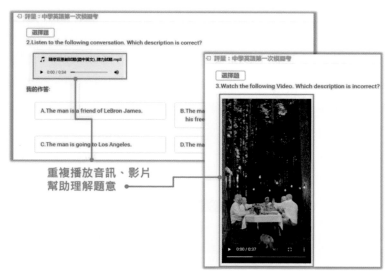

圖6-69　自主重複播放音訊、影片

㈢善用圖片上傳功能，計算、思考看得見

　　有些題目的目的是要讓學生清楚寫出想法，例如數學測驗除了要求試題答案之外，計算過程也是能夠看出學生邏輯思考的重要部分，AClass

ONE 智慧學伴支援上傳圖片的功能，學生只要拍下用紙筆寫下的計算過程再上傳作答（如圖 6-70）。

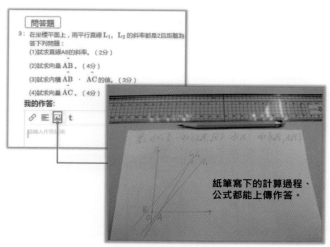

圖6-70　拍下用紙筆寫下的計算過程再上傳作答

㈣讓平板變成作答利器

　　學生如果在平板電腦進行線上測驗，將能更得心應手地使用畫記／書寫、物件拖移等功能（如圖 6-71）。例如，配合題的連連看、或是需要畫記的題型，平板搖身一變成為作答利器，用手觸控即可完成。

三、錯題練習

　　測驗活動結束後，學生能在評量作答回顧中看見測驗的結果、對／錯題數、錯題的解析以及補救資源，並可再進行錯題練習，讓學生自己就可以進行補救學習（如圖 6-72），精準複習以提高學習力，以達到「評量作答回顧、補救複習有效率」的目的。

圖6-71　使用畫記書寫、物件拖移等功能

圖6-72　錯題解析以及補救資源

第三篇

AI 輔助 TPCK 科技增能與數位觀議課

第七章
AI輔助TPCK科技增能

　　相對於傳統黑板，或僅有投影幕，甚至安裝有觸屏、互動電子白板的傳統教室，生生用平板智慧教室是全新的教學與學習生態環境。這種全新的教學環境，對已經熟悉傳統教室授課模式的教師來說，是非常艱鉅的創新教學挑戰，教師們必須重新發展出適用於生生用平板新科技（T）的新教法（P）和新教材（C）。

　　因此，幫助教師專業增能，是推動生生用平板政策是否成功最關鍵的因素。在原有培訓研習和教師社群專業成長模式的基礎上，這一章介紹如何應用 AI 輔助，加速教師科技增能的方法與策略。

第一節　提煉TPCK智慧教學模式

　　TPCK 是教育領域應用廣泛的科技化教學理論，而生生用平板是實施科技化教學，提煉 TPCK 智慧教學模式的理想環境，以下分別簡介 TPCK架構、教師專業發展三層式鷹架和 TEAM Model TPCK 智慧教學支持系統，作爲教師團隊提煉具有因材施教、差異化教學理念的智慧教學模式的參考（張奕華、吳權威，2017；吳權威，2022f）。

壹、TPCK架構簡介

　　PCK 是 Shulman（1986）提出的架構，他指出教師的學科知識和教學法不應被視爲相互排斥的，教師應該將這兩個知識領域結合起來。爲此他引進了學科教學知識（pedagogical content knowledge, PCK）的概念，包括教學的知識和內容的知識（Wikipedia, 2016a）。2005 年 Koehler

和 Mishra 依據 Shulman 的 PCK 概念，增加了科技的元素，成爲了科技教學學科知識（Technological pedagogical content knowledge）架構，簡稱 TPCK 架構，如圖 7-1 所示。

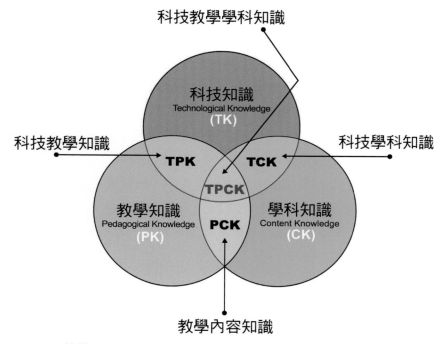

圖7-1　TPCK架構

　　美國教育委員會指出，科技知識（TK）指的是對科技在一個具體內容領域上的應用方式的理解。例如，對物理教師來說，它就是對於物理學家在科學與工業上使用科技的範圍認知。在學校科技整合的背景下，科技知識普遍被認爲是數位科技，像是筆記型電腦、網絡與應用軟體。學科知識（CK）可被定義爲「在大學程度題材內的全面性基礎」或「對主題的深入探討」。它也可能包括知識、概念、理論、概念架構與有效開發知識的方法（引自 Wikipedia, 2016a）。

　　Harris 等和 Shulman 指出，教學知識（PK）包括關於學生學習、教

學方法、考核方法及各種不同學習理論的廣泛知識。這些知識的單獨存在是必要的，但只靠它不足以達成教學目標，教師還需要學科知識才能滿足教學的需求。教學學科知識（PCK）是關於如何有效率結合教學方式與學科知識的方法，它能讓一個主題更容易被學習者所理解（引自 Wikipedia, 2016a）。

Archambault 與 Crippe 提出教學學科知識（PCK），包括如何讓一個主題更難或更容易被學會，以及關於那些常被學生帶入課堂的誤解與先入為主的認知。Niess 認為科技學科知識（TCK）是指如何運用科技創新教學的相關知識，例如數位動畫讓學生能夠更加理解化學反應發生時電子與原子交互作用的過程。科技教學知識（TPK）指的是科技能做為不同教學方法的推動，例如線上協作工具能幫助位居不同地方的學習者之間的交流學習（引自 Wikipedia, 2016b）。

Schmidt 和 Archambault 認為科技教學學科知識（TPCK）指的是當運用科技進行教學與學習時，有關 CK（學科知識）、PK（教學知識）與 TK（科技知識）之間相互影響的理解，包括學生與教師、學科、教學與科技之間的複雜關係的理解（引自 Wikipedia, 2016b）。

貳、教師專業發展三層式鷹架簡介

「智慧教育之教師專業發展三層式鷹架」（張奕華、吳權威，2018），是應用智慧教室支持系統，輔助教師專業發展創造系統性改變的鷹架。從傳統 PCK 框架（Shulman, 1986），加入了科技 T 元素，發展出了 TPCK 框架（Mishra & Koehler, 2006）。教師專業發展三層式鷹架理念，加入了整合型的科技系統，結合教師專業發展的 RICS 模型，包括反思、探究、合作、分享模型（Borthwick & Pierson, 2008），以及智慧課堂教師的 DIA 三種教學能力，包括教學展現力（Teaching Demonstration）、學習洞察力（Learning Insight）和課堂調和力（Lecture Adaptability），在智慧教室支持系統下，成為理想的智慧教育之教師專業發展三層式鷹架（如圖 7-2）。

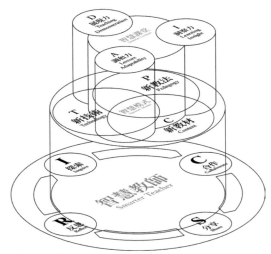

圖7-2　智慧教育之教師專業發展三層式鷹架

　　RICS 模型是提煉 TPC 深度融合智慧教學模式，促進教師發展專業的基本功。在教師發展專業歷程中，要不斷進行反思（科技如何改變教學與學習）、探究（實務上結合科技的問題，透過行動研究活動來回答問題）、合作（規劃合作時間、與指導教師、學習社群及學生合作）和分享（教師分享學習心得，提供其他教師想要改變的動力）等循環；簡言之，RICS 是教師發展專業成為「智慧教師」的內功模型。TPCK 模型是教師發展智慧教室創新教學模式（簡稱為智慧模式），智慧教師應用新技術（T）、新教法（P）和新教材（C），提煉高效能、可複製、會擴散的智慧模式。例如 TBL 團隊合作學習模式、PBL 問題導向模式、一對一學習模式等，提煉基於現代教育理念的智慧模式。應用 RICS+TPCK 模型提煉出智慧教學模式，就像智慧教師的技術模型可以不斷練習精進（如圖7-3）。

　　DIA 模型是應用 TPCK 智慧教學模式，創造智慧課堂的三項教學能力，也就是生動、互動、主動的教學展現力（Demonstration of teaching），精確、精緻、精進的學習洞察力（Insight of Learning），以

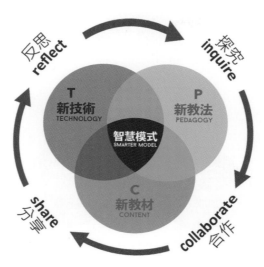

圖7-3　RICS+TPCK模型

及適性、適量、適時的課堂調和力（Adaptability of lecture）。DIA 模型是智慧教師的實戰能力，是教師與學生共同成長的理想情境。上述之「生動」是指「創設生動的學習情境，引發學生的學習動機」，「互動」是指「建立師生之間相互連結、反饋的學習生態」，「主動」是指「激發學生主動探索、積極投入學習的心態」；「精確」是指「隨時精確地掌握學生的學習狀態」，「精致」是指「根據學習狀態精緻地安排教學活動」，「精進」是指「根據學習歷程數據精進教與學」；「適性」是指「設計符合學生性向的學習方式」，「適量」是指「給予適合學生能力的學習份量」，「適時」是指「安排的學習時機符合學生的發展階段」（如圖7-4）。

參、TEAM Model TPCK智慧教學支持系統

　　TEAM Model 系統是基於 TPACK 教學理論與教學科技，累積二十多年教育經驗所研發的智慧教學系統，以協助智慧學校、教師團隊系統性、大規模、常態化實施 TPCK 智慧教學模式，同時輔以大數據

圖7-4　DIA模型

和 AI 教練，以促進教師教學和學生學習（如圖 7-5）。TEAM Mode 系統是涵蓋課前、課中和課後，整合課堂教學服務（e-Teaching）、評量服務（e-assEssing）、診斷服務（e-diAgnosing）和補救教學服務（e-reMediation）等學習環節的智慧教學支持系統。其中，HiTeach 5 是核心課堂教學軟體，是提煉 TPCK 智慧教學模式的關鍵工具。

圖7-5　TEAM Model之教學理論與教學科技

　　TPCK 智慧教學模式包含合作學習、多元評量、教學決策（數據決策）和因材施教等素養導向教學理念。利用 HiTeach 5 系統內建之合作

學習策略，以設計、營造合作學習情境。利用 HiTeach 5 之互動學習、任務學習和測驗學習等教學工具，設計素養導向多元評量活動，再借助 HiTeach 5 豐富多元的學習數據儀表提煉教學決策模式，最後再利用學習統計數據，實施同步差異化的學習活動（如圖 7-6）。

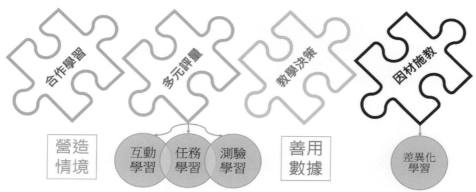

圖7-6　TPCK智慧教學模式之設計元素與工具

第二節　AI蘇格拉底TPC指數

　　AI 蘇格拉底是在醍摩豆（TEAM Model）智慧教學系統的支持下，使用 HiTeach 5 課堂教學軟體過程中，能自動採收課堂科技互動與教法應用之教學行為相關數據，並利用 AI 引擎自動生成 TPC 教學行為數據分析報告（機器智能）。AI 蘇格拉底產生的 TPC 報告，可結合觀課專家及教師團隊的意見（專家智慧），輸出視覺化圖表，做為數位觀議課輔助工具，也可以做為教師自我精進的反思參考，幫助教師快速提升資訊科技融入教學能力，並可進一步應用 HiTeach 5 來提煉出更便利、有效能的 TPC 深度融合智慧模式，如圖 7-7：TPACK 深度融合理念與 HiTeach 5 應用關係圖。

　　使用 HiTeach 5 授課後，自動記錄教學行為數據，透過 AI 蘇格拉底數據分析功能，自動生成 TPC 指數，如圖 7-8：TPACK 與 AI 蘇格拉底指數。

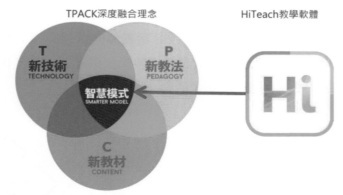

圖7-7　TPACK深度融合理念與HiTeach 5應用關係圖

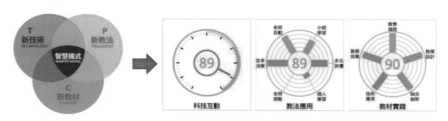

圖7-8　TPACK與AI蘇格拉底TPC指數

壹、AI蘇格拉底科技互動（T）指數

　　運用 HiTeach 5 之科技互動和教法應用的有效方法與策略，可以創造更高效的課堂效能。科技互動（T）指數（如圖 7-9），是依據使用 HiTeach 5 互動功能組合，分析有效互動的指數（0-99），70 分以上爲綠燈，50-70 分黃燈，50 分以下爲紅燈，適當科技互動功能組合，可獲得較高指數。

　　基礎科技互動功能包括即問即答（Pop Quiz）、統計圖（Show Chart）、挑人（Pick-Out）、計分板（Scoreboard）、推送（Push）等二十多項教學模組和互動功能。

　　依科技互動之功能屬性，可區分爲 T1. 數據通道、T2. 即時反饋、T3. 統計決策、T4. 關注學生和 T5. 多元評價等五類，如圖 7-10，科技

圖7-9　科技互動（T）指數

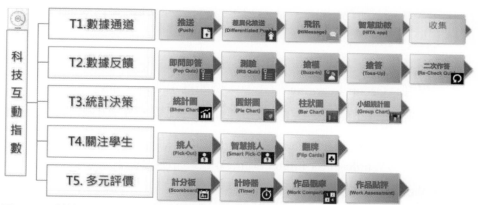

圖7-10　科技互動（T）指數_基礎互動功能表

互動（T）指數──基礎互動功能表（Technology Interaction Functions Table）。

貳、AI蘇格拉底教法應用（P）指數

　　AI 蘇格拉底教法應用（P）指數有六項分析指數（如圖 7-11），包括 P1. 小組學習、P2. 全班互動、P3. 生本決策、P4. 全班測驗、P5. 個人學習、P6. 多元評價等，運用這六項指數能自動分析教師在課堂中教學行為數據特徵，當有效教學行為數據特徵越多時，可獲得越高的指數，70 分

圖7-11　教法應用（P）指數

以上為綠燈，50-70分黃燈，50分以下為紅燈。教法適量搭配運用，可獲得最佳教學成效。

教法應用指數（P）之樣態（Pattern）舉例如下：

1. 小組學習（Group Learning，GL）：例如推送問題，飛遞作品比較、上傳作品進行比較，使用 HiTA 收集作品進行比較…等與小組活動等有關教學行為樣態。

2. 全班互動（Whole-class Interaction，WI）：例如翻牌後挑人，使用 IRS（或 Web IRS）進行等有關教學行為樣態。

3. 生本決策（Student-Centered Decision Making，SD）：例如數據決策，進行差異化教學、依作答結果挑人等有關教學行為樣態。

4. 全班測驗（Whole-class Assessment，WA）：例如進行連續預設答案的 IRS（或 Web IRS）或是進行連續的即問即答（設定答案）之行為樣態。

5. 個人學習（Individual Learning，IL）：例如飛訊、個人作品比較、計時＋使用 HiTA 收集個人作品等樣態。

6. 多元評價（Multi-Approach Assessment，MA）：例如進行兩種以上評價學生的教學行為，包含記分板、IRS（或 Web IRS）、收集飛訊、作品比較、作品討論等樣態。

參、教材實踐（C）指數

　　教材實踐（C）是專家指數如圖 7-12，運用 TPACK 理念以促進 TPC 三者深度融合的腳本（劇本）。教師熟悉科技互動（T）功能和教法應用（P）組合樣態，把科技和教法巧妙的設計在教材中，而透過課堂教學實踐與評估，提升 TPC 教案設計的質量與效能。

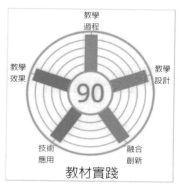

圖7-12　教材實踐（C）指數

　　教材實踐有五項指數，包括 C1. 教學設計、C2. 教學過程、C3. 教學效果、C4. 技術應用、C5. 融合創新等，分項指標說明如下：

1. 教學設計（Teaching Design, TD）：設計理念獨特且先進，突出教學模式的創新與重構，教學目標明確，學生特點和教學內容分析精準，教學策略設計合理，教學設計方案內容完整。

2. 教學過程（Teaching Process, TP）：靈巧運用和生成各類資源展開教學，吸引學習者，活動組織有序且有創意；互動反饋及時準確，充分應用學習數據實施差異化教學，針對性強；關注學生思維品質和個性發展。

3. 教學效果（Teaching Effect, TE）：能充分發揮科技互動（T）和教法應用（P），使課堂氣氛活躍，學生參與積極，學習高效，行動力強；教學目標達成度高。

4. 技術應用（Technology Application, TA）：充分發揮新技術的優勢，技術能有效支持教學的組織和實施，技術與教學深度融合，運用嫻熟，應變機智。

5. 融合創新（Fusion Innovation, FI）：教學模式簡明、清晰、高效，能應用於不同班級、單元、學科，有利於複製與擴散，充分展現「精確、精緻、精進」學習洞察力。

第三節　應用AI數據輔助科技增能

AI蘇格拉底將像是教師們的小教練，每次使用 HiTeach 5 進行課堂教學活動結束後，就會主動反饋教學行為數據，作為教師團隊反思與提煉 TPC 深度融合課堂的教學行為分析數據。

壹、HiTeach 5與AI蘇格拉底數據應用情境

AI蘇格拉底數據服務主要有兩種應用情境，分別是 HiTeach 5 智慧教室和 HiTeach 5 數位觀議課專用教室。

圖 7-13 是 AI 蘇格拉底數據應用情境一：HiTeach 5 智慧教室示意圖，只要在安裝有 HiTeach 5 的智慧教室裡，取得 AI 蘇格拉底小數據服務授權，就可以隨時獲取蘇格拉底小數據、T 指數通知。

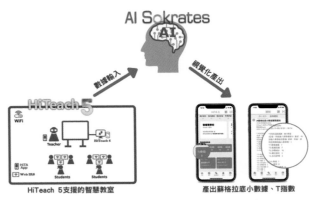

圖7-13　AI蘇格拉底數據應用情境一（HiTeach 5智慧教室）

　　圖 7-14 是 AI 蘇格拉底數據應用情境二：HiTeach 5 數位觀議課專用教室示意圖，這是 HiTeach 5 軟體結合觀議課相關軟硬體設備，包括攝影機、議課 App，以及 AI 蘇格拉底報告、AI 蘇格拉底影片服務等。在學校裡建置一間專用觀議課教室，可作爲AI輔助教師專業成長的專用練功房。

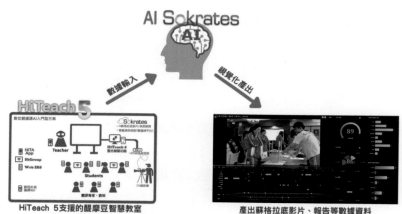

圖7-14　AI蘇格拉底數據應用情境二（HiTeach 5數位觀議課專用教室）

貳、使用科技互動T指數增能

　　AI 蘇格拉底小數據是 AI 蘇格拉底系統數據服務之一，使用者每一次使用 HiTeach 5 進行互動課堂，課堂結束後系統會自動發送通知到教師自己的 HiTA 5 App，提供本次課堂的科技互動（T）指數和科技互動頻次分析，簡稱爲「蘇格拉底小數據」。能即時反饋每一堂課之科技應用偏好和指數，加速熟練 HiTeach 5 科技互動功能，是陪伴教師增能科技互動的 AI 小教練。

　　用 AI 小教練來輔助增能科技互動，每次使用 HiTeach 5 上課的教師自主練習後，獲得 T 科技互動的綠燈指數（≧ 70 分），也能快速達到科技融入精熟等級，最後自然能夠當用則用、想用就用的自然融入教學。利用 HiTA 5 app 主頁上的 T 綠燈指示，一看就能掌握，在通知標籤中則有更詳細的摘錄資訊供教師參考，如圖 7-15。

圖7-15　在HiTA 5查看T（綠燈）頻次與詳細數據通知

參、使用T指數和用P指數增能

　　在 HiTeach 5 數位觀議課專用教室裡，就可以實施 AI 蘇格拉底數據應用情境二，使用者每一次使用 HiTeach 5 的 S 功能進行互動課堂，課堂結束後系統會自動產出 AI 蘇格拉底報告，包括本次課堂的科技互動（T）指數和教法應用（P）指數，如圖 7-16。

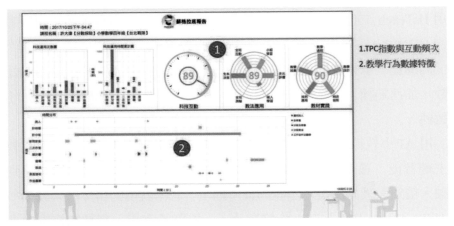

圖7-16　AI蘇格拉底報告

蘇格拉底報告（Sokrates Report）內容，由1.TPC指數與2.互動頻次和教學行爲數據特徵等兩個部分所組成。科技互動（T）指數有五項分析指數，包括T1數據通道、T2數據反饋、T3統計決策、T4關注學生和T5多元評價等基礎互動功能分項，統計分析每一分項之頻次與有效組合應用，並給出分項指數和總指數。

教法應用（P）指數有六項分析指數，包括P1小組學習、P2全班互動、P3生本決策、P4全班測驗、P5個人學習、P6多元評價等。運用這六項指數，評估教學行爲數據特徵的有效性，有效教學行爲數據特徵越多，可獲得越高指數，如圖7-17，當T指數與P指數均顯示爲綠燈時，就是AI蘇格拉底評定爲雙綠燈的智慧課堂。利用這些AI自動反饋的燈號顯示，以及教師專業社群反思研討，可加速科技增能與促進TPC深度融合。

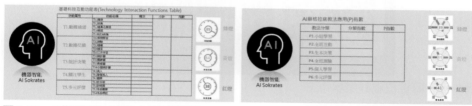

圖7-17　T指數與P指數之燈號顯示

以下是使用HiTeach 5並獲取T指數與P指數的操作方法：

步驟一：在HiTeach 5準備好授課教材後，按一下畫面上方的S鈕開始一堂課（具有AI蘇格拉底服務授權的HiTeach 5才會顯示S鈕），如圖7-18。

步驟二：出現蘇格拉底觀議課視窗後，在頁面上設定課堂相關資訊，最後選擇右下角的選擇課程開始鈕，如圖7-19。

步驟三：出現選擇課程視窗後，選擇一個課程名單，然後按下開啓鈕，如圖7-20。

圖7-18　按下S鈕開始課堂

圖7-19　蘇格拉底觀議課視窗

圖7-20　選擇課程視窗

步驟四：邀請學生連線，進行互動課堂，如圖 7-21。

圖7-21　邀請學生連線點名簿視窗

步驟五：課堂結束，按一下結束課堂鈕，如圖 7-22。

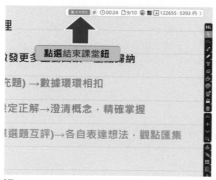

圖7-22　按下結束課堂鈕

步驟六：出現課堂記錄列表清單後，系統會自動傳送這堂課的教學行為數
　　　　據給 AI Sokrates，顯示傳送完成後，就可以按一下 AI Sokrates
　　　　鈕，如圖 7-23。

步驟七：出現蘇格拉底數位觀議課記錄表後，捲動頁面到下方，就可以查
　　　　看到蘇格拉底報告之 T 指數和 P 指數詳細內容，以及圖像化報
　　　　告，如圖 7-24、圖 7-25、圖 7-26。

圖7-23 按一下AI Sokrates鈕

圖7-24 蘇格拉底數位觀議課記錄表

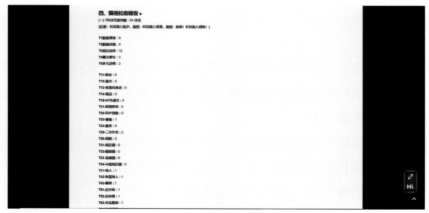

圖7-25 T指數和P指數詳細內容

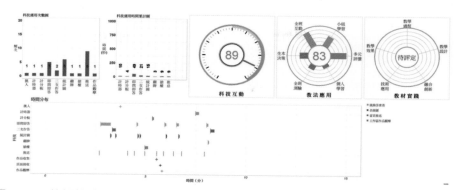

圖7-26　蘇格拉底報告

數位觀議課教室與AI蘇格拉底影片

　　觀議課是促進教師專業成長的最有效的辦法，特別是應用於青年教師與初任教師。觀議課是教師團隊共備、研修經常使用的方法，而科技化觀議課始於 1963 年的 Micro teaching（微觀教學），隨著教學科技日新月異，結合 AI 大數據應用的數位觀議課，也逐漸成為發展潮流趨勢。本章將介紹數位觀議課專用教室、AI 輔助數位觀議課平台、AI 蘇格拉底觀議課平台的輸出數據等促進教師專業發展之內容。

第一節　數位觀議課專用教室簡介

　　數位觀議課專用教室是指專門用來觀議課的數位化教室，這種數位化教室能自動化記錄觀議課過程中所產生的數據，包括教師鏡頭、學生鏡頭、電腦畫面、師生互動歷程，以及觀課者的觀課記錄等內容。

一、錄播教室

　　從技術發展角度來說，數位觀議課專用教室是錄播教室的進化版本。多年來，錄播教室已經普遍成為多數學校的基礎設備，可用來錄製課堂教學影片以重複播放使用，有些更進步的錄播教室，已經可以實現線上同步直播。常見的專用錄播教室，會整合電腦畫面、錄製教師畫面的鏡頭和錄製學生畫面的鏡頭，並透過導播組合，自動輸出合成後的影片，如圖 8-1。

圖8-1　錄播教室錄影畫面組成三元素（1.教師鏡頭 2.電腦畫面 3. 學生鏡頭）

　　導播系統負責控制畫面的分割與組合方式，若採用自動化導播系統還能自動根據課堂畫面的變化，自動切換與分隔。圖 8-2 是錄播教室錄影畫面分割舉例，圖 a. 2 均分分割 -2 個攝影機畫面、圖 b. 子母畫面（1 大 2 小）、圖 c. 2 均分分割 -1 個電腦桌面、1 個攝影機畫面、圖 d. 多分割 - 線上同步多點遠距教學。

a.2均分分割-2個攝影機畫面

b.子母畫面(1大2小)

c. 2均分分割-1個電腦桌面、1個攝影機畫面

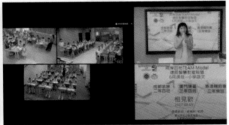

d. 多分割-線上同步多點遠距教學

圖8-2　錄播教室錄影畫面分割舉例

二、微觀教室（微格教室）

微觀教室（Micro Teaching Room）又稱為微格教室，是為了實施微觀教學所設置的專用教室，分為教學區和觀議課區，如圖 8-3。

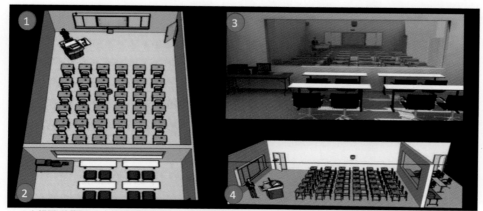

1.上視圖(教學區) 2.上視圖(觀議課區) 3. 側視圖(單面鏡) 4：側視圖(教學區與觀議課區)

圖8-3　微觀教室示意圖

微觀教室通常也採用數位化設計，也就是同時建置錄播系統，以便進行議課時，可以重播錄影畫面。

三、數位觀議課專用教室

數位觀議課專用教室是結合錄播教室、微觀教室和數位觀議課系統的專用教室，具有錄播功能，也區分為教學區和觀議課區，重要的是安裝了數位觀議課系統，實景畫面如圖 8-4，台北市立大學附小數位觀議課專用教室。圖 8-5 是成都銀都紫藤小學數位觀議課專用教室實景。

四、AI蘇格拉底數位觀議課系統

AI 蘇格拉底數位觀議課系統是整合錄播教室環境、微觀教室環境需求，結合 AI 與大數據，提供數位觀議課服務的專用系統，如圖 8-6 之 AI

教學區　　　　　　　　　　　　　　觀議課區

圖8-4　台北市立大學附小數位觀議課專用教室

圖8-5　成都銀都紫藤小學數位觀議課專用教室

蘇格拉底數位觀議課系統示意圖，整合錄播教室的教師攝影機、學生攝影機、智慧教室系統、AI 智能終端、AI 人工智能蘇格拉底影片服務和蘇格拉底議課 App。

　　為了讓更多教師同時觀議課，許多規模較大的學校，或學區指定的基地學校，把觀議課系統建置在大講堂（如圖 8-7）。

五、移動式數位觀議課系統

　　沒有設置觀議課專用教室的學校，可採用移動式數位觀議課系統。

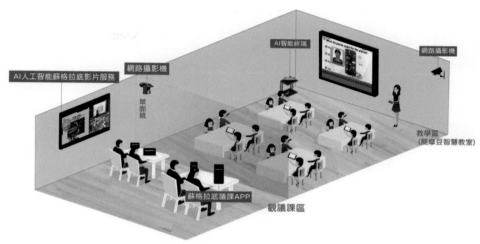

圖8-6　AI蘇格拉底數位觀議課系統示意圖

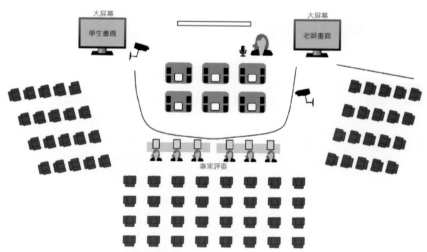

圖8-7　數位觀議課專用大講堂示意圖

在公開課教室準備 DV 並安裝好數位觀議課系統，也能進行數位化觀議課（如圖 8-8），新竹市關埔國小數位觀議課活動剪影。數位化觀議課不僅可以統整觀議課記錄，也自動對應課堂觀課者的意見標記，議課時點選標記就會迅速切換到影片對應的時間點，協助專家與教師們更省力、更科學、

移動式數位觀議課　　　　　　　　　　　**移動式AI攝影機**

圖8-8　新竹市關埔國小數位觀議課活動剪影

更高效地進行議課與教學研討活動。

六、一般觀議課與數位觀議課之比較

　　數位化觀議課可以大大提升觀議課活動的品質和效能，主要差異整理如圖 8-9 一般觀議課與數位觀議課比較。

公開觀議課項目教育部要求	過去一般觀議課	現在數位觀議課
共同備課/說課	**共同備課記錄** ● 與專業學習社群或輔導團共備、教師社群聚會討論如教法計劃、教案設計、共識會議記錄....等	**IES智慧教學服務** ● 教法計劃資料（共識）：如TBL、學習共同體 ● 教案設計資料：教材、題庫（設計素養導向好問題）共識會議記錄資料整合在雲端空間當中，方便社群老師一鍵分享、交流
公開授課/觀課	**教學活動記錄** ● 各式紀錄表單（教學觀察紀錄單、座位觀察紀錄表、S-T分析表等等）記錄過程繁複且抄錄不易	**議課APP打點記錄** ● 蘇格拉底議課APP - 拍照及評論紀錄反饋 ● AI智能終端 - 教學影片全紀錄+導播掌握課堂重點畫面
專業回饋/議課	**專家回饋** ● 手動彙整觀察&紀錄結果 ● 專家各自整理發表	**蘇格拉底影片** ● 多元價值 - 整合專家評論紀錄、教學過程、數據歷程、精準回顧 ● 議課報表 - 彙整所有專家點評&時間標記，智慧眾籌
課後報告/公開授課活動紀錄表	**總結分享** ● 專家後續進行資料彙整影音&教材檔案分享不易 ● 各類資源難以重複利用，造成行政資源負擔	**數位觀議課紀錄表** ● 觀議課結束，一鍵導出報告直接完成！ ● 蘇格拉底課例典藏校內頻道，供校內&校外專家教師重複觀看 ● 可持續在影片中進行非同步點評，隨時留下修改個人觀課建議

圖8-9　一般觀議課與數位觀議課比較

差異分析說明如下：

1. 時間效率：一般觀議課若投入2—3位專家針對個別課堂進行觀課、審視與回饋，從研討統計教學模式、分析特徵數據、整理逐字稿甚至是影片與教學現場狀況的對接，至少需要花數天來進行整理及歸納，而AI蘇格拉底觀議課的記錄在課後自動化的產出，僅需3—5分鐘就能完成觀議課數據的彙整與分析，可以節省許多時間。

2. 應用品質：AI蘇格拉底觀議課系統是提供完整數據和證據的觀議課系統，除了整合時間標記、專家點評標記、課堂影片多維連動的蘇格拉底影片外，更可進行切片樣態分析、教研數據研究、達成同課同構、同課異構的課例深度研討與分析。

3. 資源整合：一般觀議課教師及學校要準備相當多的文件、表單，除了授課教師的教案以及教學資料，包括觀察者要的教學觀察記錄單、觀議課回饋表單，或是搭配錄影的方式記錄，如果外聘請專家來指導，那成本更是高昂。而往往一場觀議課結束，數據彙整困難，各類資源難以重複利用，或造成行政負擔，而AI蘇格拉底觀議課系統充分整合資源，發揮自動化效益。

第二節　AI蘇格拉底觀議課平台架構簡介

AI蘇格拉底觀議課平台是搭載AI人工智能引擎，整合傳統教室、智慧教室和數位觀議課App等環境，促進教師專業發展的新一代數位觀議課平台。AI蘇格拉底平台之基礎、架構與功能說明如下：

一、基礎（foundation）：

AI蘇格拉底數位觀議課平台（Sokrates Observation Platform）是基於教育科技（Educational Technology）與教育教學深度融合（TPCK）理念與技術，運用智慧教學系統、人工智能（AI）與大數據（BigData），支

持教師教學（Teaching）、輔助學生學習（Learning）、促進教師專業成長（TPD），發展智慧型學校（Smarter School）之完整解決方案。本平台運用智慧教師、智慧模式、智慧課堂之教師專業發展三層式鷹架理論（TPDS），支持教師在觀議課專用之智慧教室中，應用智慧教學系統，實施智連環（TBSL）等現代教與學理念，自動記錄課堂教學行為數據特徵和觀課者標記資料，自動產出數位觀議課分析數據，協助課堂研究與分析。

二、架構（structure）：

　　AI蘇格拉底數位觀議課平台（Sokrates Observation platform）之智慧教室（或AI智慧教研中心）是雲端整合架構，主要包括智慧教學系統和智慧觀議課系統兩部份。智慧教學系統包括HiTeach 5互動教學軟件（教師使用）、智慧助教HiTA app（教師使用）、智慧學習系統Web IRS（學生使用）；智慧觀議課系統包括AI智能終端（自動採收課堂數據）、攝影機、蘇格拉底觀議課App（觀課者使用）等，借助雲平台遠距功能，觀課者可以在本地端或在遠端進行同步觀課（onsite and online），課堂結束，數據匯流至蘇格拉底雲平台（Sokrates Cloud），運作架構如圖8-10。

三、功能（function）：

1. AI蘇格拉底數位觀議課平台（Sokrates Observation Platform）之觀議課功能，在觀課階段能自動記錄課堂教學行為數據和專家標記內容，在議課階段在蘇格拉底雲平台（Sokrates Cloud）查閱完整課堂數據（包括AI人工智能報告、觀課影片、觀議課記錄表、專家議課報表等）。
2. AI蘇格拉底數位觀議課平台（Sokrates Observation platform）之AI蘇格拉底分析功能，包括科技互動（T）、教法應用（P）等指數分析。科技互動指數是基於通道、反饋、統計、學生和評價等各種科技互動行為數據計算出的指數，而教法應用指數則是在評估教學者熟悉科技

圖8-10　AI蘇格拉底觀議課平台架構

互動功能的基礎上，分析教法應用指數，包括小組學習、全班互動、生本決策、全班測驗、個人學習、多元評價等指標。

3. AI蘇格拉底數位觀議課平台（Sokrates Observation Platform）之專家標記功能，可使用蘇格拉底觀議課 App 在課堂進行中同步進行標記，也可異步進行隨時登入蘇格拉底平台（Sokrates Cloud），進行標記之新增、編輯或刪除等作業，完善課堂研究資源。

4. 蘇格拉底雲平台區分為學區平台（頻道）和學校專屬平台（頻道），作為各類教師專業社群（TPC）之課堂研究平台，逐年累積之豐富課例資源，也是全球課堂研究之寶貴資產。

第三節　AI蘇格拉底數位觀議課

　　所謂 AI 蘇格拉底數位觀議課是指觀課、議課、專業回饋等公開授課或教學觀摩歷程採用數位化方式進行，並能自動收集觀議課歷程數據，包括教學活動實錄、教學行為、觀課與議課專業回饋等數據之數位化觀議課

教學研討活動。

　　促進教師教學專業能力就能提升課堂教學品質與效能，進而提升學生學業成就。研究顯示教師行為對學生學業成績影響效益值（effect sizes）較大項目，包括專業發展（professional development）、教學質量（quality of teaching）、教師培訓（teacher training）、師生關係（teacher-student relationships）、微觀教學（micro teaching）等。其中，又以微觀教學影響學業成就的效應值最大。

　　觀議課數位化是一種高效能的微觀教學，也是促進教學專業對話的最佳方式。促進教師專業發展，打開教室公開授課是全球教育趨勢，也是加速教育創新與變革的好辦法。

一、AI蘇格拉底數位觀議課

　　AI 蘇格拉底數位觀議課是在醍摩豆智慧教室系統支持下，進行觀課、議課與專業回饋等數位觀議課之創新教學研討活動。在觀課進行中會同時收集專家觀課標記記錄和 AI 蘇格拉底的標記，是一種結合專家智慧和機器智能之專業回饋模式。觀課結束所有數據會自動保存到觀議課平台中，觀課者可透過平台上完整豐富的觀課數據進行議課研討活動，圖示如8-11。

二、觀課教師參與方式

　　觀議課時觀課教師透過蘇格拉底觀議課 App 進行打點標記。借助視訊會議直播技術的普及應用，觀課教師可以在現場（線下）觀課打點標記，也可以線上同步觀課打點標記。無法同步參與觀課的教師也可以課後登入觀議課平台，進行觀議打點標記（非同步）。

　　觀議課 App 可以安裝於手機、平板或筆電上，觀課教師一邊聽課，一邊記筆記（打點標記），標記內容可以輸入文字、相機拍照、錄音或錄微影片，保存豐富多樣的觀課者觀點、專業回饋，或觀察不同小組、不同

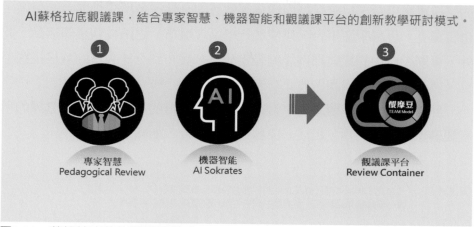

圖8-11　蘇格拉底數位觀議課模式

學生之課堂學習表現，如圖 8-12 所示。

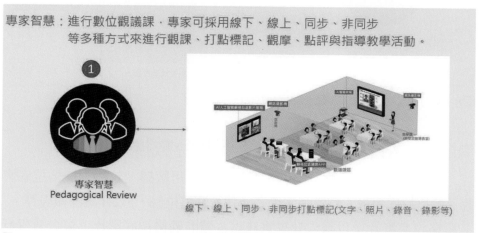

圖8-12　AI蘇格拉底數位觀議課－專家智慧

三、數位觀議課之課例儲存平台

　　每一個觀議課教室自動與數位觀議課平台連結，採收專家智慧與機器智能等數據後，匯聚到觀議課平台，如此，每一所學校就形成各自獨立

的學校專屬平台，以確保校內觀議課數據安全性。多所學校聯合的學區，也有獨立、專屬學區平台，以便進行學區（城市）之跨校觀議課活動。此外，專屬平台中的經典課例能夠設定分享，發布到全球共享的蘇格拉底平台，與全世界的代表課例彼此交流。

　　蘇格拉底影片是觀議課平台存放觀議課數據的基本單位，一堂課的所有觀議課數據與影片，組成一部蘇格拉底影片，如圖 8-13 所示。

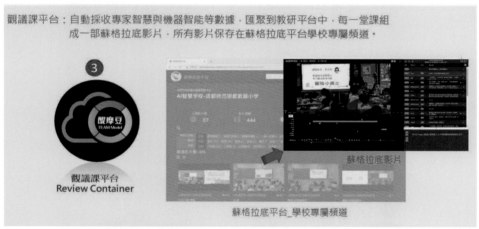

圖8-13　AI蘇格拉底數位觀議課平台與課例影片

第四節　AI蘇格拉底觀議課平台數據輸出

　　數位觀議課平台會自動產出五種主要應用數據，包括：蘇格拉底影片、蘇格拉底報告、觀議課記錄表、我的蘇格拉底、Excel 議課報表等。

1. 蘇格拉底影片：以課堂教學實錄為主體的蘇格拉底影片，包含教學行為數據特徵、標記資訊曲線、專家標記清單、標記內容等數據，播放影片時，會自動與相關數據同步連動。

2. 蘇格拉底報告：蘇格拉底報告是數位觀議課之簡易數據報表，內容包括科技互動（T）、教法應用（P）、教材實踐（C）指數、科技運用頻

次和教學行爲數據特徵（分布），用一分鐘快速掌握一堂課的教學樣態。

3. 觀議課記錄表：觀議課記錄表是觀議課之成果產出總報表，包括課例簡介、觀議課記錄（觀課人員、課程脈絡、觀課焦點、標記清單、時間切片鏈接、附件（照片、錄音、錄影）、蘇格拉底報告和蘇格拉底教法應用常模參照等。

4. 我的蘇格拉底：我的蘇格拉底是個人參與觀議課之數據彙總表，包括公開授課數據、參加觀議課標記數據、觀課蘇格拉底影片記錄、我的最愛課例、訂閱頻道、課例通知等。

5. Excel 議課報表：下載 Excel 議課報表，包括觀課記錄（標記者、時間點、內容和切點鏈接）、指數統計（T、P、C 各分項指數、頻次），應用 Excel 統計分析功能，對課例進一步分析，或應用研究軟件（例如 Nvivo），進行專家標記詞彙統計分析。

　　AI 蘇格拉底數位觀議課是觀議課數位化的創新模式，突破傳統觀議課限制，能自動採集課例數據，可建立教師團隊共同議課文化，並善用機器智能 AI 蘇格拉底，讓觀議課有數據、有證據、更精準、更有效。

一、蘇格拉底影片

　　蘇格拉底影片服務是在醍摩豆（TEAM Model）智慧教室裡，利用教研模式下所自動採收的課堂教學行爲特徵數據，引入網奕資訊獨家研發的 AI 人工智能蘇格拉底系統分析技術，結合 AI 智能終端或 AI 攝影機所錄製的高品質影片，產出蘇格拉底影片與報告的服務。蘇格拉底影片不僅會有以 AI 自動生成專業的教學分析報告（機器智能），還會整合觀課專家及教師團隊的意見（專家智慧），用視覺化的圖表，做爲觀議課討論以及教師自我精進的總結參考。

　　蘇格拉底影片主要是透過觀議課平台（也就是學校的專屬課例頻道）來儲存、呈現與管理，每一堂課例的觀議課數據，會組成一部蘇格拉底影

片。蘇格拉底影片包含課堂教學實錄、教學行為數據特徵、標記資訊曲線、專家標記清單、標記內容等數據。播放蘇格拉底影片時，自動與相關數據同步連動。

1.專家頁面和AI頁面

　　蘇格拉底影片右側，可切換專家頁面和 AI 頁面。切換到專家頁面時，顯示觀課者標記清單和標記內容。切換到 AI 頁面時，顯示 AI 蘇格拉底的 TPC 指數和科技互動頻次，如圖 8-14 所示。

蘇格拉底影片：專家頁面　　　　　　蘇格拉底影片：AI頁面

圖8-14　　AI蘇格拉底影片頁面

2.專家頁面功能分區

　　蘇格拉底影片之專家頁面，分為八個區域，說明如下：

⑴影片資訊：顯示蘇格拉底影片基本資訊。

⑵專家／AI 頁面切換：按下頁面切換鈕，可以切換專家頁面和 AI 頁面。

⑶課堂教學影片：教學影片區有快轉、倒帶、全頻播放等控制功能。

⑷教學行為數據特徵：顯示基礎科技互動功能和時間軸，按下特徵標記，可切換播放位置。

⑸標記曲線（熱點）：正向標記曲線為綠色，負向標記曲線為藍色。

⑹標記清單：可以顯示所有公開、訪客、私人的標記項目，提供便利的標記篩選功能。

⑺標記內容：呈現標記內容，包括觀課者輸入的文字、照片、錄音或錄影內容。

⑻新增標記區：觀議課結束後，可以隨時新增標記（進行非同步觀議課），如圖 8-15 所示。

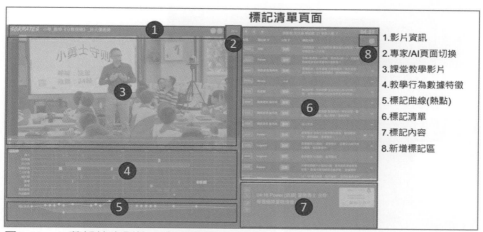

圖8-15　AI蘇格拉底影片：專家頁面（分區）

3.影片資訊區

蘇格拉底影片資訊區，包括影片名稱、課例資訊、課例簡介頁面鏈接、複製課例鏈接鈕。在蘇格拉底影片頁按下 Sokrates 鈕，就會回到課例簡介頁面。按下複製鏈接鈕，可分享課例網址，如圖 8-16 所示。

4.標記清單

標記清單會依時間序顯示所有標記項目，並提供便利的標記篩選功能，點評人選單，可以篩選點評人點評標記，分類選單可以篩選點評標記分類。選擇複製切點鏈接鈕，可取得切點鏈接資訊。標記又可分為公開、本人和訪客三種屬性，按下本人鈕時，才會顯示本人專屬的私人標記，按下訪客鈕，則會顯示以訪客身分進行的標記項目（只有授課者或管理者，有此功能），如圖 8-17。

圖8-16 AI蘇格拉底影片：專家頁面（資訊區）

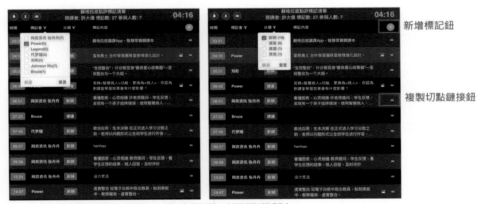

圖8-17 AI蘇格拉底影片：專家頁面（標記選單）

5. 數位觀議課數據連動功能

　　蘇格拉底影片中的數據相互連動，包括課堂教學影片、教學行為數據特徵、標記曲線（熱點）、專家點評標記清單、點評標記內容等五項數據的時間軸相互連動。例如點選數據特徵時，會自動切換到相應的影片位置、標記位置、顯示標記內容，如圖 8-18 所示。

6. TPC指數

　　蘇格拉底影片 AI 頁面，包括 9. 科技互動指數（T）、10. 教法應用指

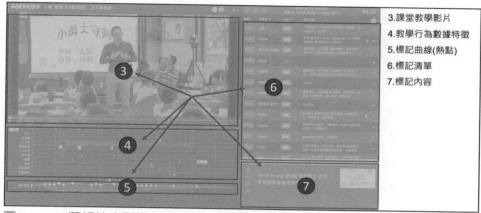

圖8-18　AI蘇格拉底影片：專家頁面（數據連動）

數（P）、11. 教材實踐指數（C）、12. 科技運用次數／時數等數據，如圖 8-19 所示。

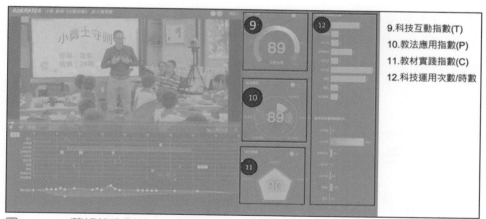

圖8-19　AI蘇格拉底影片：AI頁面（TPC指數）

　　AI 蘇格拉底數位觀議課創新了數位觀議課的模式與流程，觀課結束就會在觀議課平台上，自動產出蘇格拉底影片。進行議課活動時，應用蘇格拉底影片的豐富數據和證據，讓教學研討更精準、更高效。

二、蘇格拉底報告

　　蘇格拉底報告是 AI 蘇格拉底聽完一堂課後，根據教學行為數據特徵分析，立即產出的數據報告。這樣，用一分鐘來解讀蘇格拉底報告，就可以快速品味 40 分鐘的完整課堂。蘇格拉底報告（Sokrates Report）內容，由 TPC 指數與互動頻次和教學行為數據特徵等兩個部分所組成。

　　科技互動（T）指數有五項分析指數，包括 T1 數據通道、T2 數據反饋、T3 統計決策、T4 關注學生和 T5 多元評價等基礎互動功能分項，統計分析每一分項之頻次與有效組合應用，並給出分項指數和總指數。

　　教法應用（P）指數有六項分析指數，包括 P1 小組學習、P2 全班互動、P3 生本決策、P4 全班測驗、P5 個人學習、P6 多元評價等。運用這六項指數，評估教學行為數據特徵的有效性，有效教學行為數據特徵越多，可獲得越高指數。

　　教材實踐（C）指數有五項分析指數，包括 C1 教學設計、C2 教學過程、C3 教學效果、C4 技術應用、C5 融合創新等，這些分析指數需由專家手動輸入，結合 AI 蘇格拉底科技互動（T）指數和教法應用（P）指數，形成 TPACK，科技、教法和教材三者深度融合之智慧課堂評估指數，如圖 8-20 所示。

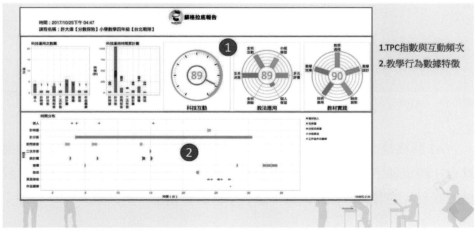

圖8-20　AI蘇格拉底報告

㈠解讀TPC指數

　　科技互動（T）指數和教法應用（P）指數以燈號來區分智慧課堂TPC的深度融合狀態，70分以上顯示爲綠燈，50-70分顯示爲黃燈，50分以下顯示爲紅燈。紅燈代表科技互動或教法應用指數偏低，黃燈代表指數逐步趨向應用成熟階段，綠燈代表已經達到深度融合狀態。當T、P指數均呈現爲綠燈時，可稱爲蘇格拉底雙綠燈課堂。

　　觀察科技互動的運用頻次，加上AI蘇格拉底的紅燈、黃燈或綠燈等燈號顯示，就可以初步、快速解讀這堂課的深度融合基本樣態，如圖8-21所示。

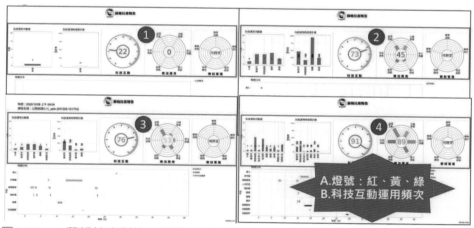

圖8-21　AI蘇格拉底影片：解讀TPC指數

㈡解讀行爲特徵

　　教學行爲數據特徵是根據基礎科技互動功能與時間軸的交互數據樣態，從數據樣態中可以觀察科技互動功能之組合使用、閉環使用和均衡使用情況，以進一步分析科技互動與教法應用之效能，如圖8-22所示。

　　善用蘇格拉底報告之可視化數據，可以幫助我們初步、快速解讀一堂課的基本數據樣態。而結合蘇格拉底影片、觀議課記錄表等產出數據的綜

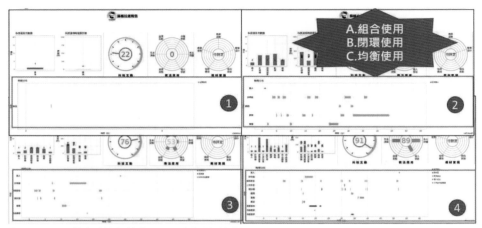

圖8-22　AI蘇格拉底報告：解讀行為特徵

合解讀，就能更精準、更高效的達到數位觀議課的主要目的。

三、數位觀議課記錄表

　　數位觀議課最大優點是觀議課結束後自動產出觀議課記錄表，觀課者或授課者不需要再花時間整理、撰寫觀議課記錄表，只需一鍵導出列印就大功告成，可大大節省時間和人力成本。

　　AI蘇格拉底觀議課則是數位觀議課的進階模式，可自動產出更完整的觀議課記錄表，完整記錄觀議課歷程數據，內容包含課例簡介、觀議課記錄、觀議課附件、蘇格拉底報告和教法應用常模參照表等數位觀議課歷程產出的所有數據。

㈠課例簡介

　　課例簡介是觀議課結束後，由授課教師手動填寫的項目。此外，也可以將這堂課的教材簡報檔、教學活動設計表檔案等，補上傳到觀議課平台中，完整典藏觀議課數據與資料。

㈡ 數位觀議課記錄

　　數位觀議課記錄的內容包含觀課參與人員、課程脈絡、觀課焦點、學生人數、學生反饋次數、標記數和標記清單等數據。從觀議課記錄表的專家標記或蘇格拉底標記時間點欄位，可以自動鏈接影片切點，隨時回放、觀看蘇格拉底影片片段，如圖 8-23 所示。

圖8-23　數位觀議課記錄表

㈢ 觀議課附件與蘇格拉底報告

　　文字標記列示在觀議課記錄中，而照片、錄音和錄影等打點標記則列示在附件欄。若是結合 AI 蘇格拉底服務的課堂，同時也會顯示蘇格拉底報告，彙整到記錄表中，如圖 8-24 所示。

㈣ 教法應用（P）常模參照表

　　列示本課例與教法應用全球常模的參照表，包含每一項教法應用分項指數平均值，以及差異化、T 指數和 P 指數的常模參照。其中，全球常模是由醍摩豆智慧教育研究院研究團隊，每年統計分析全球課例數據，所得出的常模參照表，如圖 8-25 所示。

三、附件(觀議課照片、圖片、影片、錄音等)。

圖8-24　數位觀議課記錄表：附件

五、蘇格拉底教法應用(P) - 2020年全球常模參照表。

項目	教法應用						差異化	合併指數		反饋次數
	P1小組學習	P2全班互動	P3生本決策	P4全班測驗	P5個人學習	P6多元評價	同步差異	T指數	P指數	
全球常模(2020年)	37.3	59.3	40.9	8.9	17.4	59.2	6.9	82.8	70.8	3.9
本課例	84.1	67.9	92.2	0.0	57.0	50.0	0.0	90.0	89.0	2.2

圖8-25　數位觀議課記錄表：常模參照

第五節　AI蘇格拉底觀議課焦點類型

　　數位觀議課時蘇格拉底觀議課 App 內建有多種觀議課焦點類型
（Lesson Observation Focus Category），包括合作學習、學生行為、認知
層次、學習共同體、學習共同體──氣氛、學習共同體──歷程、學習共
同體──成果等。此外，學區或學校也可以制定校本觀議課焦點類型，或
由專家或教師個人自定觀議課焦點類型，如圖 8-26 所示。

一、焦點類型：智慧課堂

　　智慧課堂焦點類型共有五種分項，1、2 兩項為正向標記，3、4 兩項

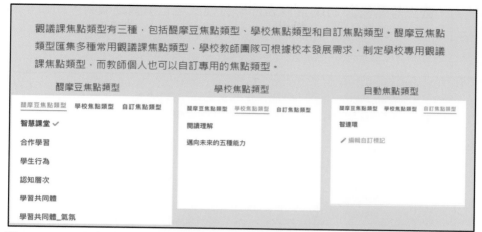

觀議課焦點類型有三種，包括醒摩豆焦點類型、學校焦點類型和自訂焦點類型。醒摩豆焦點類型匯集多種常用觀議課焦點類型，學校教師團隊可根據校本發展需求，制定學校專用觀議課焦點類型，而教師個人也可以自訂專用的焦點類型。

圖8-26　三種焦點類型

為負向標記，5 項為一般標記。蘇格拉底影片中會顯示標記資訊曲線，正向標記資訊曲線為綠色，負向標記資訊曲線為藍色，如圖 8-27 所示。

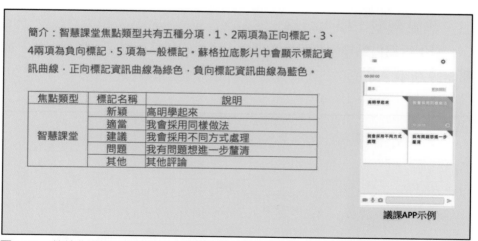

圖8-27　數位觀議課焦點類型：智慧課堂

二、焦點類型：合作學習

合作學習焦點類型可用來觀察醒摩豆 TBL 智慧教室之課堂深度融合

能力，觀課焦點包含 TBL 團隊合作學習模式之七項關鍵機制，如圖 8-28 所示。

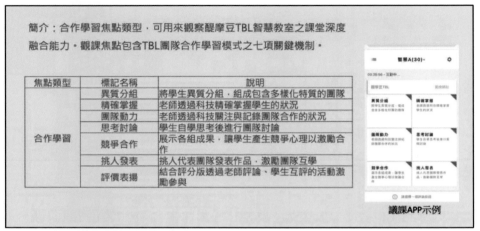

簡介：合作學習焦點類型，可用來觀察醒摩豆TBL智慧教室之課堂深度融合能力。觀課焦點包含TBL團隊合作學習模式之七項關鍵機制。

焦點類型	標記名稱	說明
合作學習	異質分組	將學生異質分組，組成包含多樣化特質的團隊
	精確掌握	老師透過科技精確掌握學生的狀況
	團隊動力	老師透過科技關注與記錄團隊合作的狀況
	思考討論	學生自學思考後進行團隊討論
	競爭合作	展示各組成果，讓學生產生競爭心理以激勵合作
	挑人發表	挑人代表團隊發表作品，激勵團隊互學
	評價表揚	結合評分版透過老師評論、學生互評的活動激勵參與

議課APP示例

圖8-28　數位觀議課焦點類型：合作學習

三、焦點類型：學生行為

學生行為焦點類型將學生在課堂上常見的行為反應加以觀察記錄，如圖 8-29 所示。

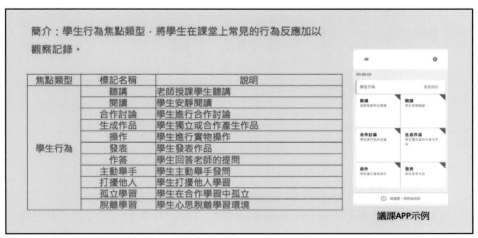

簡介：學生行為焦點類型，將學生在課堂上常見的行為反應加以觀察記錄。

焦點類型	標記名稱	說明
學生行為	聽講	老師授課學生聽講
	閱讀	學生安靜閱讀
	合作討論	學生進行合作討論
	生成作品	學生獨立或合作產生作品
	操作	學生進行實物操作
	發表	學生發表作品
	作答	學生回答老師的提問
	主動舉手	學生主動舉手發問
	打擾他人	學生打擾他人學習
	孤立學習	學生在合作學習中孤立
	脫離學習	學生心思脫離學習環境

議課APP示例

圖8-29　數位觀議課焦點類型：學生行為

四、焦點類型：認知層次

認知層次焦點類型可用來描述與觀察學生學習的知識內容，以新版Bloom認知領域教育目標分類為觀察焦點，如圖8-30所示。

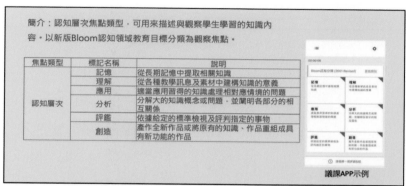

圖8-30　數位觀議課焦點類型：認知層次

五、焦點類型：學習共同體

學習共同體焦點類型可用來觀察學習共同體的課堂中，學生在探究、合作、表達三個學習元素的各種表現，如圖8-31所示。

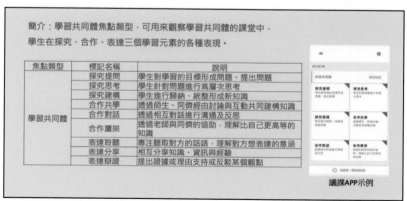

圖8-31　數位觀議課焦點類型：學習共同體

六、焦點類型：學習共同體——氣氛

　　學習共同體——氣氛焦點類型，可用來觀察學習共同體的課堂中，教師如何經營一個具正向學習氣氛，讓學生可以熱衷學習的課堂，如圖 8-32 所示。

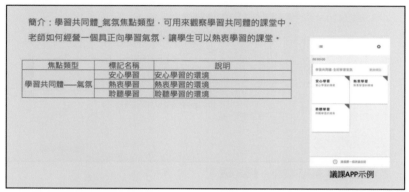

圖8-32　數位觀議課焦點類型：學習共同體——氣氛

七、焦點類型：學習共同體——歷程

　　學習共同體——歷程焦點類型可用來觀察學習共同體的課堂中，教師及學生透過互動進行以學生為中心的學習活動的各項歷程，如圖 8-33 所示。

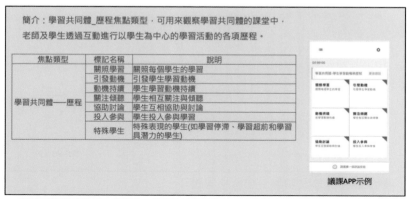

圖8-33　數位觀議課焦點類型：學習共同體——歷程

八、焦點類型：學習共同體——成果

學習共同體——成果焦點類型可用來觀察在融入學習共同體精神的課堂中，學生的總結性學習成果，如圖 8-34 所示。

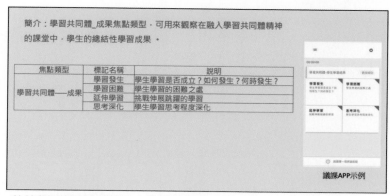

圖8-34　數位觀議課焦點類型：學習共同體——成果

九、建立學校焦點類型

具有專屬頻道（數位觀議課平台）管理員權限的用戶編號，登入平台後，可以建立學校焦點類型。建立學校焦點類型的操作流程如下：

步驟一：登入蘇格拉底平台後，在我的蘇格拉底頁面選擇專屬頻道，操作畫面如圖 8-35。

圖8-35　選擇專屬頻道

步驟二：出現專屬頻道頁面後，選擇設定鈕，操作畫面如圖 8-36。

圖8-36　選擇設定鈕

步驟三：出現專屬頻道管理頁面後，選擇焦點類型管理，使用新增、編輯和刪除鈕來建立學校焦點類型，操作畫面如圖 8-37。

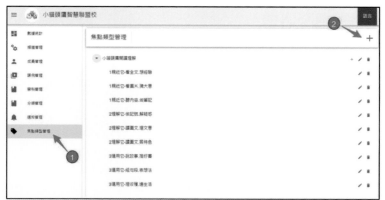

圖8-37　編輯學校焦點類型

步驟四：建立學校焦點類型後，就可以在同步觀議課 App 中使用學校焦
　　　　點類型，或在非同步的蘇格拉底影片中使用學校焦點類型，操作
　　　　畫面如圖 8-38。

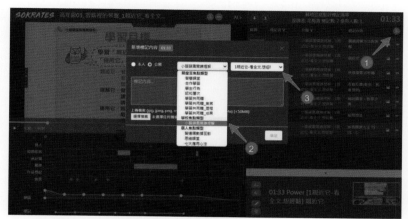

圖8-38　在蘇格拉底影片中使用校本焦點類型

　　進行公開授課或教學觀摩時，設定適當觀議課焦點類型，聚焦教師團
隊觀課視角，收集更有助益、更聚焦的專業回饋意見。

AI輔助數位觀議課之應用案例

　　接續前面兩章 AI 輔助科技增能與數位觀議課的理念與實務，本章以 AI 蘇格拉底數位觀議課系統為例，說明數位觀議課系統在幾個面向的應用案例，包括同課異構國際應用案例、學校教師專業社群應用案例，以及發展智慧學區之研修案例。

第一節　全球大師盃同課異構數據分析應用

　　2018 年起台灣科技領導與教學科技發展協會運用 AI 輔助數位觀議課，舉辦「大師盃智慧課堂團隊競賽展示活動」，邀請海內外各校菁英智慧教師組成戰隊，將全球智慧教師齊聚一堂，以現場公開觀課的方式進行授課，並邀請智慧教育專家於比賽進行時直接同步議課，呈現 AI 人工智能與大數據在教師專業發展上的前瞻應用。本節以 2019 全球大師盃智慧課堂團隊競賽展示活動為例，介紹團隊競賽交流內容與同課異構數據分析實施案例。

　　2019 年全球大師盃智慧課堂團隊競賽展示活動於 2019 年 11 月 7 日舉行，小學場在蓬萊國小舉辦，中學場在靜修女中舉辦，邀請全球各地超過 20 位智慧教師，包括兩岸四地、新加坡等地之智慧教學專家組織交流團隊。戰隊介紹、海報、合影如圖 9-1、圖 9-2、圖 9-3 所示。

一、競賽評分標準說明

　　各場地設現場評審三席，活動成績下列三種評比結果計算總成績，包括：

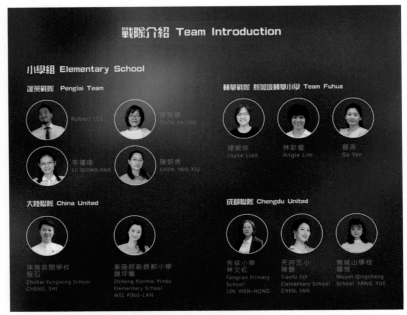

圖9-1　2019全球大師盃智慧課堂團隊競賽戰隊成員

圖9-2　2019全球大師盃智慧課堂團隊競賽戰隊成員海報掛軸

圖9-3　2019全球大師盃智慧課堂團隊競賽活動評委與競賽選手合影

1. 專家評審現場評比教材實踐、課堂整體內容，分為同步差異化、合作學習、數據決策、科技互動T、教法應用P、教材設計C等六個分項給分。
2. AI蘇格拉底之科技互動科技互動（Technological Interaction）指數和教法應用（Pedagogical Application）指數。
3. 協會專家組，評比智慧教室中各樣教學策略的應用。活動獎勵辦法如表9-1說明。

　　2019全球大師盃智慧課堂團隊競賽活動之得獎名單與頒獎典禮合影如圖9-4、圖9-5所示。

表9-1　2019全球大師盃智慧課堂團隊競賽獎勵辦法

2019 全球大師盃智慧課堂團隊競賽展示活動
獎勵辦法

向度	評價標準
同步差異化	1. 同步差異化學習活動能夠更好促進以幫助不同小組、不同學生，更好的學習。 2. 根據學生需求、興趣和能力(經驗)，學習體現出難度不同、材料不同和份量不同的差異化教材案例，具有可複製與擴散的價值。
合作學習	1. 合作學習活動設計促成生動的班級氛圍。 2. 合作學習活動能有效引導學生主動學習。 3. 活動過程中，學生樂於分享、互動學習充分。
數據決策	1. 善用智慧教室中的師生互動，創造有效提問、採收有效數據、並進行有效之數據決策。 2. 透過數據化通道收集學生作品，匯聚不同看法與思考，碰撞出多元討論與思考。
科技互動（T）	1. 掌握智慧教室之軟硬件設備及應用功能，正確、熟練地運用教學科技輔具。 2. 科技（T）使用的時機與方式能與教學內容、教學流程(P、C)密切配合，提升教與學的質量與效能。
教法應用（P）	1. 教學內容能展現理論基礎、創新性與特色。 2. 教學儀態自然、語言流暢、精准，富有感染力。 3. 教師能合理運用智慧教室的輔助功能，體驗智慧課堂 "主動、生動、互動" 之 "教學展現力"。
教材設計（C）	1. 評審依蘇格拉底教材設計五向度給分，每向度滿分 20 分。 　(1) 教學設計 - 設計理念獨特且先進，突出教學模式的創新與重構，教學目標明確，學生特點和教學內容分析精准，教學策略設計合理，教學設計方案內容完整、格式規範。 　(2) 教學過程 - 靈巧運用和生成各類資源展開教學，吸引學習者，活動組織有序，有創意；互動回饋及時準確，充分應用學習資料實施差異化教學，針對性強；關注學生思維品質和個性發展。 　(3) 教學效果 - 能充分發揮科技互動(T)和教法應用(P)，使課堂氛圍活躍，學生參與積極、學習高效、行動力強；教學目標達成度高。 　(4) 技術應用 - 充分發揮新技術的優勢，技術能有效支援教學的組織和實施，技術與教學深度融合，運用嫻熟，應變機智。 　(5) 融合創新 - 教學模式簡明、清晰、高效，能應用於不同班級、單元、學科，有利於複製與擴散，充分展現「精確、精緻、精進」學習洞察力。

1. 專家評審對以上六個分項以滿分 100 分進行觀課打分，其中科技互動和教法應用兩項，教師最終分數由 AI 人工智能蘇格拉底分數（50%）+專家分數（50%）組成。

2. 獎項將依照上述六向度頒發，詳細獎勵辦法請見「2019 全球大師盃智慧課堂團隊競賽展示活動_活動辦法」文件。

	小學	中學
同步差異	程石教師	謝宛芹教師
	陳艷教師	週怡津教師
	陳妍秀教師	蘇栴安教師
	楊悅教師	潘俊宏教師
	Dr. Ge Yan	游舒旻教師
	Ms. Joyce Lion	李文嫻教師
	魏坪蘭教師	鄭偉太教師
	陳雅慧教師	戴言儒教師
	林文紅教師	熊麗捷教師
	Ms. Angie Lim	易欣穎教師
	Mr. Robert Lee	游碩桓教師
	李瓊瑤教師	劉晉雪教師
小學團隊錦標	蓬萊戰隊	
中學團隊錦標	桃園光明戰隊	

圖9-4　2019全球大師盃智慧課堂團隊競賽展示活動得獎名單

圖9-5　2019全球大師盃頒獎典禮合影

二、2019全球大師盃同課異構數據分析：

　　同課異構活動主要分為三個階段，分別是分組備課、異構授課和課例數據分析，流程如圖 9-6、圖 9-7。2019 全球大師盃同課異構小學場主題為《I could eat a horse》，中學場主題為《We are going to cross the bridge

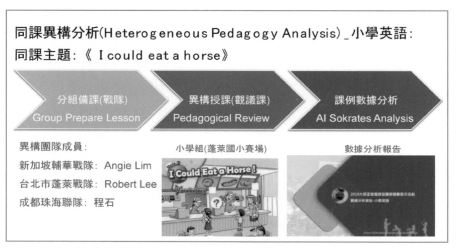

圖9-6　同課異構小學場《I could eat a horse》流程

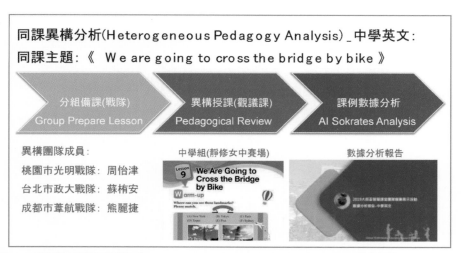

圖9-7　同課異構中學場《We are going to cross the bridge by bike》流程

by bike》，主辦單位公布同課主題、提供教材後，由各參賽戰隊共同備課TPC 教案、教學模式、教材課件等。

　　主辦單位於觀議課現場架設 AI 蘇格拉底觀議課系統，以便自動採收教學數據、學習數據、教師鏡頭、學生鏡頭、電腦畫面、觀議課標記等，教學活動結束後，完整觀議課記錄表會自動匯集到 AI 蘇格拉底觀議課平台，如圖 9-8：同課異構小學場《I could eat a horse》課例、圖 9-9：同課異構中學場《We are going to cross the bridge by bike》課例。

圖9-8　同課異構小學場《I could eat a horse》課例

　　第三階段進行課例數據分析流程，所採收之數據包括 AI 蘇格拉底影片、蘇格拉底報告、電子筆記、TPC 教案、教材課件和數位觀議課記錄表等。圖 9-10 是 2019 大師盃同課異構數據分析報告剪影，由全球醍摩豆智慧教育研究院院長分享數據分析成果，圖 9-11、圖 9-12、圖 9-13 是中學場三位教師的蘇格拉底報告。

圖9-9 同課異構中學場《We are going to cross the bridge by bike》課例

圖9-10 2019大師盃同課異構數據分析報告剪影

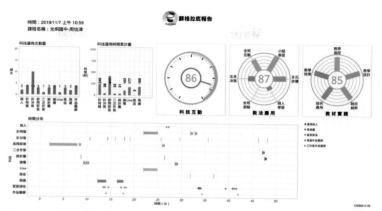

圖9-11　桃園市光明戰隊週怡津《We are going to cross the bridge by bike》蘇格拉底報告

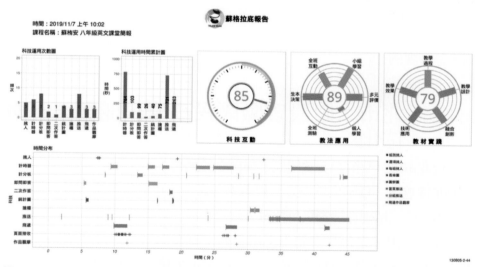

圖9-12　台北市政大戰隊蘇栯安蘇《We are going to cross the bridge by bike》格拉底報告

　　歷屆大師盃智慧課堂團隊競賽課例典藏於蘇格拉底平台 Master 大師盃專屬頻道（網址：https://sokrates.teammodel.org/exhibition/tbavideo#/myChannel/16），全球各地教師均可在平台註冊帳號後，可隨時登入查

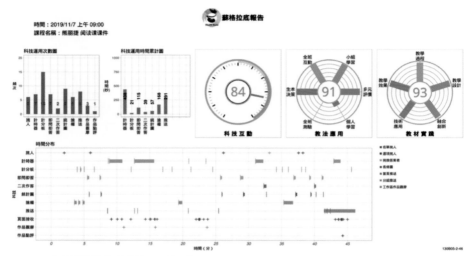

圖9-13　成都市葦航戰隊熊麗捷《We are going to cross the bridge by bike》蘇格拉底報告

閱、分享課例。

第二節　北市大附設實驗國民小學公開觀議課數位化

台北市立大學附設實驗國民小學創立於民國 2 年（西元 1913 年），是一所非常重視「以學生爲中心」教與學理念，注重合作學習、個別化學習的百年名校，積極發展資訊科技融入教學應用，教師團隊教學成果豐碩。

北市大附小是最早實施生生用平板（舊稱爲電子書包）精進學習計畫的學校之一，於 2011 年下半年，在 6 年 1 班、6 年 2 班建置 TEAM Model 智慧教室，師生經過一學期的使用經驗，再於 2012 年上半年開始導入行動學習載具（pad，又稱爲電子書包（e-student-backpack），如圖 9-14 所示，展開全新的生生用平板教與學新里程碑。

圖9-14　2012年實施電子書包教學實景

一、發展智慧教學教師專業社群

　　多年來北市大附小教師團隊持續發展智慧教學教師專業社群，並設置有專用數位觀議課教室，導入先進的數位觀議課平台，包括 AI 蘇格拉底觀議課系統，自動化典藏智慧教學專業社群之公開授課和數位觀議課的數據課例。圖 9-15 是北市大附小教師專業社群數位觀議課活動教學剪影。

圖9-15　教師專業社群數位觀議課活動教學剪影

　　圖9-16，是北市大附小生生用平板數位觀議課活動學習剪影，圖9-17是北市大附小的數位觀議課平台中典藏的課例。

圖9-16　生生用平板數位觀議課活動學習剪影

圖9-17　北市大附小數位觀議課平台專屬頻道

二、教師專業社群數位觀議課活動

　　數位化觀議課是北市大教師專業發展的特色活動，除了社群成員舉辦的數位觀議課活動之外，也經常分享數位觀議課的經驗與智慧。例如，2022 年 12 月 16 日舉辦的台北市國民基本教育課程前導學校素養導向數學公開授課，便採用數位化觀議課模式，讓線下、線上同步進行，由教師專業社群成員王怡文教師公開社課六年級數學第九單元規律問題─《耶誕謎事件簿》，表 9-2、表 9-3 是輸出觀議課記錄表的部分截圖，詳細資料請登入北市大附小數位觀議課平台專屬頻道，以查閱或下載 PDF 文件。記錄表內容包括課例簡介、觀議課記錄、附件（觀議課照片）、蘇格拉底報告、蘇格拉底教法應用（P）─2020 年全球常模參照表等內容（網奕資訊，2022g）。

表9-2　第九單元規律問題─《耶誕謎事件簿》觀議課記錄表㈠

　　數位觀議課之主要流程包括說課、觀課和議課，如表 9-4 之議程。

表9-3　第九單元規律問題－《耶誕謎事件簿》觀議課記錄表㈡

二、觀議課紀錄			
觀課人員：27			
54 黃永城	47 邵婷尹 (1574043448)	26 吳家瑞	22 Power (1525658297)
13 黃傳盛 (1571359000)	10 楊文琪 (1554719488)	9 雨聲	8 Sharon Chen (1670567515)
8 蔡依玲 (1571706370)	7 Pichun	7 邵雄志 (1628861955)	7 胡靜怡
7 蔡雅芬	6 周永泰 (1663230615)	6 曾庭筠 (1665552620)	6 Cheng Emma (1533885288)
5 王信傑 (1533714367)	4 AI Sokrates (AI001)	4 林姵妏 (1671156955)	3 譚偉明 (1543298693)
3 Jasmine Mendez	3 劉蕙華	2 南港國小陳宥蓉	1 Peyton Riegler
1 柯艾	1 黃宜凌 (1666142588)	1 李世同	

課程脈絡：

觀課焦點：

學生人數：27

學生反饋次數：215 (8.0 次/人)

標記數：271 (照片: 40, 影片: 1, 錄音: 0)

表9-4　數位觀議課議程

時間	活動內容	主講人員
09：00 09：30	【報 到】 現場來賓請入席活動中心2樓會議室 本市教師請進入視訊會議室 https://meet.google.com/sad-fdab-bvk	北市大附小 研發處
09：30 10：00	【長官致詞暨來賓介紹】 臺北大學 吳璧純 教授 逸仙國小前導暨先鋒群組來賓 北市大附小先鋒群組來賓 美國伊利諾州立大學來賓	北市大附小 吳家瑞 校長 研發處 陳思澐 主任
10：00 10：20	【公開課～說課】 說課暨蘇格拉底數位觀議課APP操作說明	北市大附小 王怡文 老師 徐靜儀 老師
10：20 10：30	【預備及轉場】 北市大附小數位學習課程「臺北古城小玩家」影片欣賞 請現場部分貴賓移駕至教學實驗室參與觀課	
10：30 11：10	【公開課～觀課】 六年級數學-第9單元規律問題-耶誕謎事件簿	北市大附小 王怡文 老師
11：10 11：20	休 息 時 間	
11：20 12：30	【公開課～議課】 議課暨綜合座談 請現場所有貴賓移駕至教學實驗室進行議課	臺北大學 吳璧純 教授 北市大附小 吳家瑞 校長 王怡文老師 徐靜儀 老師

第三節　成都銀都紫藤小學

　　成都銀都紫藤小學成立於 2015 年，是一所基於科技教學和大數據管理的現代化學校。創校之初系統性導入 AI 蘇格拉底數位觀議課系統與方案，包括建設 AI 智慧教研中心和班級智慧教室。創校六年多來，數位觀議課教學研究成果豐碩，獲選 2017 年中國教育部優秀案例一等獎及 2019 年首屆中小學教育裝備新技術創新案例一等獎，2020 年入選中央電化教育館編制的《國家教育信息化發展藍皮書》；獲選 2021 年第四屆全國基礎教育信息化應用展示交流活動四川省典範學校，案例學術論文也登載於中國教育學刊〈指向教師專業發展的小學教師網絡學習空間構建——基於成都師範銀都紫藤小學的實踐探索〉。

一、AI蘇格拉底數位觀議課教室

　　紫藤小學在南、北兩個校區分別建置 AI 蘇格拉底數位觀議課專用教室，作為各學科教研組的教學研究基地，並於所有班級教室建設常態化數位觀議課智慧教室，常態化採收教學行為數據特徵。

二、數位觀議課產出巨量課堂教學行為數據

　　成都銀都紫藤小學產出數以萬計的數位觀議課數據如圖 9-18，畫面顯示累積達 46,026 堂課堂教學行為數據。紫藤教學團隊積極推動基於 AI 大數據的智慧教研課題研究，例如：基於智慧教室環境的團隊合作教學模式研究、一核四環教師專業發展體系、五步三要素智慧課堂模式等。

　　紫藤小學基於 AI 蘇格拉底數位觀議課平台之技術支持，發展出許多創新教研模式與特色，包括自動採集課例、團隊共同議課、數據證據分析、模式切片研討和課程體系典藏課例等，如圖 9-19 所示。

圖9-18 成都銀都紫藤小學數位觀議課平台數據

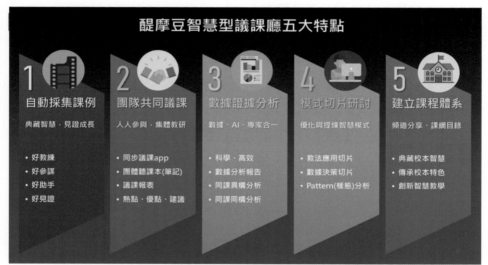

圖9-19 紫藤AI智慧教研之五大特點

第四節 廣州市花都區智慧教研管理平台

廣州市花都區智慧教研管理平台是廣州市花都區教育局教師發展研究中心，為全區上百所基礎教育學校能有效開展智慧教研活動而集中式導入的重點項目，專門針對校本智慧教研、區級智慧教研實施統一管理與監控的服務平台。該學區自 2015 年至今已有超過 30 所學校引進醍摩豆智慧課

堂教學系統，超過 20 所學校建制了醒摩豆 AI 教研中心，同時基於醒摩豆教師專業活動服務平台之上舉辦過四屆全區智慧課堂競賽活動。與此同時在智慧教研管理平台的實時數據服務下舉辦過數場區級、校級智慧教研展示活動，有效地提高了校內、校際、全區甚至全市的教研工作開展效果，提升了全區教師教學水平，實現打破傳統教研模式，增效提高教學實證數據採收、研討與教學水平相長的實效性工作，成為全省具有典型與示範性的智慧教研模範學區，吸引著眾多教育界工作者前來參訪與學習，如圖9-20 所示。

圖9-20　廣州市花都區智慧教研管理平台

一、校本研修與區級培訓活動

　　為有效加快全學區的智慧教學、教研水平成長，目前花都區教師發展研究中心以 21 所試點校作為區級教研平台的先鋒隊伍，開展以校本研修為主導，區級統一培訓學習為助力的多樣化培養模式。自智慧學區教研平台建立不到一年以來，就已經組織過校級領導管理培訓，骨幹教師智慧教研、教學集中式研修活動，校本智慧課堂工作坊等大大小小研訓學習多達六十餘場，真正做到從管理層到一線教學工作者的全方位培養，如圖 9-21 所示。

圖9-21　廣州花都區智慧教研平台推進多元化培訓

二、舉辦花都區智慧課堂競賽活動

　　花都區教師發展研究中心為提高教師專業發展水平，借助醍摩豆教師專業活動服務平台與 AI 蘇格拉底影片教學數據平台的先進科技引領功能，在區內舉辦過四屆花都區智慧課堂競賽活動，以賽課的形式有效地促進教師提高信息化課堂設計能力與智慧教學專業水平，真正實現智慧教學過程中的學情掌握、精準教學與融合創新的生本課堂形態，實現培養學生發展的核心素養，重喚課堂活力，如圖 9-22 所示。

圖9-22　廣州花都區智慧教研線上智慧課堂競賽活動

三、獎勵機制

　　花都區教師發展研究中心為獎勵試點學校與教師積極開展智慧教研與資訊科技深度融合的教學能力，應用智慧教研管理平台的實時典藏課例數據，制定智慧校園與智慧教師獎勵機制，以保障有效教研、品質教學持續發展，辦法如表 9-5 所示：

表9-5　廣州花都區智慧教研獎勵機制

序號	積分項目	分量
1	每週開展不低於1次基於智慧教研平台的校本教研。（以上傳活動材料為判斷依據，每次1分，滿分10分）	10
2	每週採課上傳蘇格拉底頻道（報告＋桌面＋視頻）一節以上，（按週次計畫算，滿分10分）	10
3	參與共備區本課綱資源（按所提供的次數計算，滿分10分）	10
4	參與區域智慧教研（以做標籤為判斷依據）	10
5	參與共備區域tpc教學資源（按學科次數計算，滿分10分）	10
6	開展校際間的同課異構或到外校送課及交流（按次數計算，滿分10分）	10
7	承擔區級以上智慧課堂公開課省級以上10分，市級6分，區級4分，滿分10分	10
8	參加區級以上智慧課堂賽課	10

參考文獻

MBA智庫百科（2022）。學情分析。擷取自https://wiki.mbalib.com/zh-tw/%E5%AD%A6%E6%83%85%E5%88%86%E6%9E%90

中華人民共和國教育部（2014）。2014 年教育資訊化工作要點。取自http://www.moe.gov.cn/publicfiles/business/htmlfiles/moe/s7062/201403/xxgk_165870.html

中華人民共和國教育部（2012）。教育資訊化十年發展規劃（2011-2020年）。取自ttp://www.moe.gov.cn/publicfiles/business/htmlfiles/moe/s5892/201203/xxgk_133322.html

孔德彭、孔德輝、閆艷敏(2013)。以學習用戶為中心的智慧教育裝備服務設計研究。中國教育信息化，11，59-62。

立報（2019）。診斷學習弱點教育部「因材網」提升學生能力。擷取自https://www.limedia.tw/edu/8095/

任宗浩（2019）。教育評量的省思。中等教育，70(3)，6-10。DOI：10.6249/SE.201909_70(3).0023

朱莎，張屹，楊浩，吳砥(2014)。中、美、新基礎教育資訊化發展戰略比較研究。開放教育研究，2，34-45。

吳清山（2011）。學習診斷與補救教學。國家教育研究院電子報，25。https://epaper.naer.edu.tw/edm.php?grp_no=1&edm_no=25&content_no=638

吳清山（2012）。差異化教學與學生學習。國家教育研究院電子報，38。取自https://epaper.naer.edu.tw/edm.php?grp_no=1&edm_no=38&content_no=1011

吳璧純（2017）。素養導向教學之學習評量。台灣教育評論月刊，6(3)，30-34。

吳權威（2021a）。布魯姆1：1教學實驗研究效果達兩個標準差。Facebook. https://www.facebook.com/1094020592/posts/10220775871722002/?d=n

吳權威（2021b）。學習評量數位化之一：學習評量數位化設計。擷取自https://www.habook.com/zh-tw/academic.php?act=view&id=59

吳權威（2021c）。HiTeach 5同步課堂新功能：同步互動。Facebook。https://www.facebook.com/1094020592/posts/10220164470997366/?d=n

吳權威（2021d）。同步課堂新功能：同步任務。Facebook。https://www.facebook.com/1094020592/posts/10219994179860194/?d=n

吳權威（2022a）。生生用平板差異化教學之一：HiTeach 5教學功能之組合應用。擷取自https://www.habook.com/zh-tw/academic.php?act=view&id=72

吳權威（2022b）。學習評量數位化之九：分組工具與教學策略。擷取自 https://www.habook.com/zh-tw/academic.php?act=view&id=71

吳權威（2022c）。學習評量數位化之五：數據互動之統計圖表與教學決策。擷取自 https://www.habook.com/zh-tw/academic.php?act=view&id=66

吳權威（2022d）。學習評量數位化之四：全班課堂學習表現數據總表。擷取自 https://www.habook.com/zh-tw/academic.php?act=view&id=65

吳權威（2022e）。學習評量數位化之三：素養導向雲平台題庫與試卷應用。取自 https://www.habook.com/zh-tw/academic.php?act=view&id=64

吳權威（2022f）。生生用平板差異化教學之二：提煉TPCK智慧教學模式簡介。取自 https://www.habook.com/zh-tw/academic.php?act=view&id=73

吳權威（2023a）。學習評量數位化之十：試題分析工具應用舉例。擷取自 https://www.habook.com/zh-tw/academic.php?act=view&id=76

吳權威（2023b）。學習評量數位化之十一：學習分析工具應用舉例。擷取自 https://www.habook.com/zh-tw/academic.php?act=view&id=77

金江軍（2012）。智慧教育發展對策研究。中國教育信息化，22，18-19。

柯清超（2013）。大資料與智慧教育。中國教育資訊化，12，1-5。

柳嘉樺（2015）。發展智慧評量機制於大規模開放線上課程提升學生的學習成效之影響：以均一平台為例。國立中央大學資訊工程學系碩士論文，未出版，桃園市。

徐秀媖（2022）。從學習評量設計省思師生課程負荷。台灣教育評論月刊，11（3），45-50。

祝智庭、沈德梅（2013）。學習分析學：智慧教育的科學力量。電化教育研究，5，5-19。

祝智庭、賀斌（2012）。智慧教育：教育信息化的新境界。電化教育研究，12，5-13。

張奕華（2013a）。校長科技領導理論與應用暨網路媒體素養。輯於屏東縣國民中小學校長資訊教育研討會，屏東縣。

張奕華（2013b）。SMART教育與「思考力」智慧學校。輯於台北市教大附小「科技與改變～讓思考看得見」資訊科技融入教學成果分享會手冊，台北市。

張奕華（2013c）。大會主席歡迎詞。輯於2013全球科技領導與教學科技高峰論壇，台北市。

張奕華（2022）。從AI智慧教室邁向智慧學校兼談智慧教育。師友雙月刊，635，13-20。

張奕華、吳權威（2014）。智慧教育：理念與實踐。台北市：網奕資訊。

張奕華、吳權威(2017)。智慧教育之教師專業發展：理念與案例。網奕資訊。

張奕華、吳權威（2018）。智慧教育之教師專業發展理念與案例。台北市：高教代理。

張奕華、吳權威（2022）。智慧教育之教師專業發展三層式鷹架理念。擷取自 https://www.habook.com/zh-tw/academic.php?act=view&id=15

張奕華、吳權威、曾秀珠、張奕財、陳家祥 (2020)。智慧學校校長科技領導：理論實務與案例。台北市：五南。

教育部（2022a）。班班有網路生生用平板-全面推動中小學數位學習精進方案。擷取自 https://www.edu.tw/News_Content.aspx?n=9E7AC85F1954DDA8&s=9F7133D453CC16F2&fromid=inarticle&id=007699

教育部（2022b）。教育部中小學數位教學指引1.0版。台北市：作者。

教育部（2022c）。重大教育政策發展歷程。擷取自 https://history.moe.gov.tw/Policy/Detail/1e540341-4d3b-44aa-bea7-17e55d6f26b5

教育部國民及學前教育署（2022）。12年國教課程綱要。擷取自 https://12basic.edu.tw/12about-3-1

教育部電子報（2011）。書包減重韓國宣布教科書全面數位化政策。取自 http://epaper.edu.tw/windows.aspx?windows_sn=7936

梁仁楷、張奕華、吳權威（2015）。TEAM Model TBL團隊合作學習模式之理念與實踐案例。擷取自 https://www.habook.com/zh-tw/academic.php?act=view&id=17

曾多聞（2022）。從美國經驗看台灣「生生用平板」帶來的教學機會與挑戰擷取自 https://flipedu.parenting.com.tw/article/007699

黃榮懷（2014）。智慧教育的三重境界：從環境、模式到體制。現代遠端教育研究，132，3-11。

靖國平（2003）。從狹義智慧教育到廣義智慧教育。河北師範大學學報（教育科學版），5（3），48-53。

網奕資訊（2016）。十二年國教國語文素養導向教學模組研發方案成果發表。網奕電子報，HB20160718C。擷取自 https://www.habook.com/zh-tw/event.php?act=view&id=117

網奕資訊（2018）。同步差異化教學現代化因材施教。擷取自 https://www.habook.com/zh-tw/academic.php?act=view&id=5

網奕資訊（2019）。2019全球大師盃智慧課堂團隊競賽展示活動。擷取自 https://www.habook.com/zh-tw/event.php?act=view&id=34

網奕資訊（2019）。桃園市立光明國中全面發展的智慧學校。擷取自https://www.habook.com/zh-tw/case.php?act=view&id=56

網奕資訊（2020）。智慧評量與大數據診斷分析-評量分析高效率學情狀況一手掌握。擷取自https://www.habook.com/zh-tw/news.php?act=view&id=314#%E5%A4%A7%E6%95%B8%E6%93%9A%E8%A8%BA%E6%96%B7%E5%88%86%E6%9E%90%E6%9C%8D%E5%8B%99%E4%BA%AE%E9%BB%9E

網奕資訊（2021a）。HiTeach 5新手入門教學基礎介面操作教學。取自https://www.habook.com/data/teach/file/HiTeach 5_20221001.pdf

網奕資訊（2021b）。同步教學新神器：推送、互動、任務、測驗。擷取自https://www.habook.com/zh-tw/academic.php?act=view&id=58

網奕資訊（2022a）。TBL智慧教室。擷取自https://www.habook.com/zh-tw/class.php?act=view&id=1

網奕資訊（2022b）。HiTeach 5差異化教學功能應用方法。擷取自https://www.habook.com/zh-tw/faq.php?act=view&id=188

網奕資訊（2022c）。智慧教學智慧課堂同步神器。擷取自https://www.habook.com/zh-tw/cloud.php?act=view&id=18

網奕資訊（2022d）。HiTeach 5平板電腦智慧教室。擷取自https://www.habook.com/zh-tw/class.php?act=view&id=4

網奕資訊（2022e）。IES 5智慧教學服務（個人）。擷取自https://www.habook.com/zh-tw/cloud.php?act=view&id=12

網奕資訊（2022f）。HiTeach 5 CC免費跨平台互動軟體。擷取自https://www.habook.com/zh-tw/cloud.php?act=view&id=25

網奕資訊（2022g）。HiTeach 5 數位觀議課2022前導學校素養導向公開授課｜北市大附小王怡文教師。擷取自https://www.habook.com/zh-tw/news.php?act=view&id=567

網奕資訊（2023a）。同步/非同步測驗發布、主觀題批閱與成績總結的操作方法。擷取自https://www.habook.com/zh-tw/faq.php?act=view&id=194

網奕資訊（2023b）。作業發布、作業繳交與作業批閱的操作方法。擷取自https://www.habook.com/zh-tw/faq.php?act=view&id=192

網奕資訊（2023c）。出版社題庫出題、匯出，利用HiTeach 5隨堂考試的操作技巧。擷取自https://www.habook.com/zh-tw/faq.php?act=view&id=195

網奕資訊（2023d）。博拉圖評量學情分析系統。擷取自https://www.habook.com/zh-tw/cloud.php?act=view&id=9

網奕資訊（2023e）。AClass ONE智慧學伴。取自https://www.habook.com/zh-tw/cloud.php?act=view&id=15

潘文忠（2022）。部長序。擷取自https://ws.moe.edu.tw/001/Upload/23/relfile/8006/86277/2d47608d-1cb3-4477-9069-8e6e797d4f65.pdf

蕭嘉偉（2014）。補救教學測驗介紹及診斷報告的應用。國家教育研究院電子報，95。https://epaper.naer.edu.tw/edm.php?grp_no=1&edm_no=95&content_no=2308

親子天下（2021）。落實差異化教學：芬蘭小學個別化的回家作業。擷取自https://www.parenting.com.tw/article/5088912

醍摩豆智慧教育研究院（2022b）。生生用平板差異化教學之一：HiTeach 5教學功能之組合應用。取自https://www.habook.com/zh-tw/academic.php?act=view&id=72https://hiteachcc.teammodel.net/

醍摩豆智慧教育研究院（2022a）。如何在課堂中實踐「生生用平板」的素養導向教學？推動中小學數位學習精進方案詳解。擷取自https://www.habook.com/zh-tw/academic.php?act=view&id=63

醍摩豆智慧教育研究院（2019）。智連環專業發展學習手冊。西安市：陝西師範大學出版總社。

轉角國際（2022）。美國「全國成績單」：疫情之後，孩子的教育如何復原？擷取自https://global.udn.com/global_vision/story/8664/6721315

羅儀修（2022）。聯合國調查：六成10歲童看不懂故事「生生用平板」能救學習落差嗎？擷取自https://www.cw.com.tw/article/5123361

Advanced Technology Korea (2011). *Smart education in Korea: South Korea's making the switch to digital textbooks*. Retrieved from http://www.advancedtechnologykorea.com/8000/

Baird, J.-A., Andrich, D., Hopfenbeck, T. N., & Stobart, G. (2017). Assessment and learning: Fields apart? Assessment in Education: *Principles, Policy & Practice, 24*(3), 317–350. https://doi.org/10.1080/0969594X.2017.1319337

Bebell, D., & Kay, R. (2010). One to one computing: A summary of the quantitative results from the Berkshire Wireless Learning Initiative. *Journal of Technology, Learning, and Assessment, 9* (2), 1-60.

Bennett, R. E. (2011). Formative assessment: A critical review. *Assessment in Education: Principles, Policy & Practice, 18* (1), 5-25. https://doi.org/10.1080/096959 4X.2010.513678

Borthwick, A., & Pierson, M. (2008) (eds). *Transforming classroom practice: Professional development strategies in educational technology*. Washington, DC: International Society for Technology in Education.

Cambridge University Press (2022). *Refine*. Retrieved from https://dictionary.cambridge.org/dictionary/english-chinese-traditional/refine

Chang, I. H., Hsu, C. M. & Wu, C. W. (2018). A teacher professional development platform in the big data trend: The development and application of "TEAM Model Smarter Discussion Room". In T. Bastiaens, J. Van Braak, M. Brown, L. Cantoni, M. Castro, R. Christensen, G. Davidson-Shivers, K. DePryck, M. Ebner, M. Fominykh, C. Fulford, S. Hatzipanagos, G. Knezek, K. Kreijns, G. Marks, E. Sointu, E. Korsgaard Sorensen, J. Viteli, J. Voogt, P. Weber, E. Weippl & O. Zawacki-Richter (Eds.), *Proceedings of EdMedia: World Conference on Educational Media and Technology* (pp. 16-28). Amsterdam, Netherlands: Association for the Advancement of Computing in Education (AACE). Retrieved June 3, 2021 from https://www.learntechlib.org/primary/p/184173/.

Glasco, J. (2019). *Smart education for smart cities: Visual, collaborative & interactive*. Retrieved from https://hub.beesmart.city/en/solutions/smart-people/smart-education/viewsonic-smart-education-for-smart-cities

Harris, J. L., Al-Bataineh, M. T., & Al-Bataineh, A. (2016). One to one technology and its effect on student academic achievement and motivation. *Contemporary Educational Technology, 7*(4), 368-381.

Herold, B. (2016).*1-to-1 Laptop initiatives boost student scores*. Retrieved from https://www.edweek.org/technology/1-to-1-laptop-initiatives-boost-student-scores-study-finds/2016/05

Hroncich, C. (2022). *NAEP 2022: Gloomy Results on the Nation's Report Card*. Retrieved from https://www.cato.org/blog/naep-2022-gloomy-results-nations-report-card

IBM (2010). *Building the smarter campus*. Retrieved from https://www-950.ibm.com/events/wwe/cio/10menacio.nsf/Smarter%20Cities_Patricia%20Suliivan.pdf

Milman, N. B. (2020). School leadership of a one-to-one laptop initiative. *Journal of School Leadership, 30*(4), 356–374. https://doi.org/10.1177/1052684619852114

Mishra, P., & Koehler, M. J. (2006). Technological pedagogical content knowledge: A framework for teacher knowledge. *Teachers College Record, 108*(6), 1017–1054. https://doi.org/10.1111/j.1467-9620.2006.00684.x

Johnstone, B. (2003). *Never mind the laptops: Kids, computers, and the transformation of learning*. New York: iUniverse.

Kitchenham, A. (2008). One-to-one computing and teacher transformation. In T. Hansson (Ed.), Handbook of research on digital information technologies: Innovations, methods, and ethical Issues (pp.83-102). Hershey, Pennsylvania: IGI Global.

Kim, H., Jung, J., Lee, D., Jung, S., & Seo, J. (2012). Design of teaching and learning activities for future schools in Korea. Paper presented at the 10th International Conference for Media in Education 2012, Beijing, China

Kim, S. (2012). *EBS, the heart of smart learning and lifelong education*. Retrieved From http://www.koreaittimes.com/story/19513/along-e-learning-and-cloud-computing-comes-advancement-smart-learning

Retrieved from https://www.cato.org/blog/naep-2022-gloomy-results-nations- report-card

Seo, J. (2012). *SMART education in Korea: Digital textbook initiative*. Retrieved from http://groups.itu.int/LinkClick.aspx?fileticket=-4b9-wDydtc%3D& tabid=1862

Shulman, L. S. (1986). Those who understand: Knowledge growth in teaching. *Educational Researcher, 15*(2), 4-31.

UNESCO IITE (2022a). *Analytical Report on the Global Innovations and Monitoring of the Status of Smart Education*. Retrieved from https://iite.unesco.org/publications/analytical-report-on-the-global-innovations-and-monitoring-of-the-status-of-smart-education/

UNESCO IITE (2022b). *Smart Education Strategies for Teaching and Learning: Critical analytical framework and case studies*. Retrieved from https://iite.unesco.org/wp-content/uploads/2022/09/Smart-education-strategies-publication.pdf

Wikipedia (2013). *KERIS (Korea Education and Research Information Service)*. Retrieved from http://en.wikipedia.org/wiki/KERIS_(Korea_Education_and_Research_Information_Service)

Wikipedia (2016a). *Pedagogical content knowledge (PCK)*. Retrieved from https://en.wikipedia.org/wiki/Lee_Shulman

Wikipedia (2016b). *Technological pedagogical content knowledge*. Retrieved from https://en.wikipedia.org/wiki/Technological_pedagogical_content_knowledge

Wikipedia (2022). *Peer instruction*. Retrieved from https://en.wikipedia.org/wiki/Peer_instruction

Watters, A. (2015). *The first school one-to-one laptop program*. Retrieved from https://hackeducation.com/2015/02/12/first-one-to-one-laptop-program

Zheng, B., Warschauer, M., Lin, C.-H., & Chang, C. (2016). Learning in One-to-One Laptop Environments: A Meta-Analysis and Research Synthesis. *Review of Educational Research, 86*(4), 1052–1084. http://www.jstor.org/stable/44668243

國家圖書館出版品預行編目資料

素養導向之生生用平板與HiTeach 5智慧教學
系統：方法、應用與案例／張奕華、吳權威
著. ——初版. ——臺北市：五南圖書出版
股份有限公司, 2023.08
面；　公分
ISBN 978-626-343-926-9（平裝）

1.教學科技　2.數位學習

521.53　　　　　　　　　　112003533

IIGN

素養導向之生生用平板與 HiTeach 5智慧教學系統： 方法、應用與案例

作　　者 — 張奕華、吳權威

部份圖表、文字來源 — 網奕資訊科技股份有限公司

發 行 人 — 楊榮川

總 經 理 — 楊士清

總 編 輯 — 楊秀麗

副總編輯 — 黃惠娟

責任編輯 — 陳巧慈

封面設計 — 韓衣非

出 版 者 — 五南圖書出版股份有限公司

地　　址：106台北市大安區和平東路二段339號4樓

電　　話：(02)2705-5066　　傳　　真：(02)2706-6100

網　　址：https://www.wunan.com.tw

電子郵件：wunan@wunan.com.tw

劃撥帳號：01068953

戶　　名：五南圖書出版股份有限公司

法律顧問　林勝安律師

出版日期　2023年8月初版一刷
　　　　　2023年9月初版二刷

定　　價　新臺幣480元